Luh · Und Asterix hat doch recht!

Andreas Luh

Und Asterix hat doch recht!

Asterix bei den Olympischen Spielen als Mittel historischer Bildung

Arete Verlag Hildesheim

Bibliografische Information der Deutschen Nationalbibliothek
Die Deutsche Bibliothek verzeichnet diese Publikation in der Deutschen Nationalbibliografie; detaillierte bibliografische Daten sind im Internet über http://dnb.ddb.de abrufbar.

2., korrigierte Auflage 2018

www.arete-verlag.de

Layout, Satz, Umschlaggestaltung: Composizione Katrin Rampp, Kempten
Titelfotos: Modell des antiken Olympias:Archäologisches Museum WWU Münster (Foto: Robert Dylka);
Lorbeerkranz: wikimedia
Druck und Verarbeitung: Pressel Druck, Remshalden
ISBN 978-3-942468-93-0

Inhalt

1. Einleitung

Die großen Comics des 20. Jahrhunderts erzeugen bis heute im Bewusstsein ihrer Leserinnen und Leser unvergessene Bilder, die tief im kulturellen Gedächtnis von Generationen verankert sind: so etwa das eingesprungene Geldbad Dagobert Ducks in dessen Tresorbunker, der Ritt von Lucky Luke in den Sonnenuntergang, Snoopy mit der Schreibmaschine auf dem Dach seiner Hundehütte, Charlie Brown beim verunglückten Baseballschlag und ebenso der berühmte Ausruf „Die spinnen, die Römer" des mit dem Finger an seinen Kopf tippenden Obelix (Schikowski, 2014, S. 13).

Asterix und Obelix sind über durchgeplante Merchandising-Konzepte zu einem globalen Massenphänomen geworden, mit über 320 Mio. weltweit verkauften Sammelbänden, übersetzt in über 100 Sprachen und mit einer Startauflage des neuesten Bandes von 5 Mio. Exemplaren (Schikowski, 2014, S. 15; Fündling, 2016, S. 8 f., 87). „Asterix ist eine Marke, mit der man Wochenenden im Freizeitpark verbringen, ins Kino gehen, seinen Bildschirmhintergrund füllen, Spiele auf seinem Handy anfangen oder sein Sofa dekorieren kann." (Fündling, 2016, S. 97) Hierbei ist die Wirkung der 1959/1961 von Franzosen für Franzosen konzipierten Asterixbände (Dolle-Weinkauf, 1990, S. 212–217) gerade im deutschen Sprachraum von außerordentlicher Nachhaltigkeit. Mehr als die Hälfte der weltweiten Auflage ist in deutscher Sprache verfasst (Brodersen, 2001, S. 10). Allein die bis 1974 in Deutschland erschienenen 17 Sammelbände hatten eine Auflage von über 18 Mio. Exemplaren (Stoll, 1975, S. 14).

Dabei hatten Comics in Deutschland in den 1920er-Jahren und erst recht in der Zeit des Nationalsozialismus einen schweren Stand. Die sog. Comic-, Schund- und Trivialliteratur galt bei den national, bildungsbürgerlich ausgerichteten Eliten als Ausdruck einer kulturell degenerierten amerikanischen Massenzivilisation (Gundermann, 2007, S. 20–24). In den 1950er-Jahren setzte sich diese Anschauung in der Bundesrepublik in einer konzertierten Comicphobie der Elternschaft, der Pädagogen, Feuilletonisten, Buchhändler und Bibliothekare fort. Eine „Anti-Schund- und Schmutzkampagne" der betreffenden Verbände und das „Gesetz über die Verbreitung jugendgefährdender Schriften", überwacht von der 1954 eingerichteten „Bundesprüfstelle für jugendgefährdende Schriften", trugen zur Verschlechterung des Comic-Images bei (Gundermann, 2007, S. 24–35). Öffentliche Verbrennungen von Comics bildeten in den Jahren 1955–1957 den geschmacklosen Höhepunkt dieser Bewegung. Comics führten bei Jugendlichen zu einer verzerrten Bildästhetik, zur Verstümmelung der Sprache, zur Missbildung der Sprechfähigkeit, zu psychischen Störungen und zur Verherrlichung von Gewalt, so die unüberprüfte These der Kritiker.

Erst seit den 1970er-Jahren lösten sich die Vorurteile der bundesrepublikanischen Öffentlichkeit gegenüber den Comics auf, ehe sie seit den 1980er-Jahren als eine eigene Literaturgattung Anerkennung fanden (Dolle-Weinkauf, 1990, 224 f.). Die Asterix-Bände spielten hierbei eine nicht zu unterschätzende Rolle, da sie als historisch authentisch erscheinende und geistreich gemachte Geschichtscomics das deutsche Bildungsbürgertum mit der Literaturgattung Comic versöhnten. Asterix und Obelix fanden Eingang in den Latein-, Geschichts-, Deutsch- und Sportunterricht (Gundermann, 2009, S. 121 f.), wurden in vielbesuchten Ausstellungen 1998 in Basel, 1999 in Haltern, 2000 in Leiden und 2013/14 in Paris museumsdidaktisch aufbereitet. Ein ganzes Heer von angesehenen Altertumswissenschaftlern begann sich ernsthaft mit den gallischen Comic-Helden zu beschäftigen (Brodersen, 2001; Sinn, 2001; Van Royen & Van der Vegt, 1998; 2001).

Die Geschichten von Asterix und Obelix sind nicht nur durch die virtuosen Sprechblasengags des 1977 verstorbenen René Goscinny und die spielerisch-amüsanten Comic-Piktogramme Albert Uderzos gekennzeichnet. Im Unterschied zu anderen erfolgreichen und hochwertigen sog. Semi-Funnies wie Lucky Luke oder Charlie Brown ist die fiktive narrative Rahmung bei Asterix und Obelix durch anscheinend Authentisches, durch antike Alltagskultur und antike Geschichte, aber ebenso durch geschickt gewählte zeitgeschichtliche Kontexte französischer und europäischer Alltagskultur ergänzt (Dolle-Weinkauf, 1990, S. 217). Diese Besonderheiten der Asterix-Bände haben sowohl das intellektuelle Lesevergnügen gesteigert als auch zu dem besonderen Erfolg von Asterix und Obelix bei einem breiten internationalen Publikum beigetragen.

Um die Frage begründet beantworten zu können, ob am Sport interessierte Erwachsene und Jugendliche *Asterix bei den Olympischen Spielen* im Sinne einer sporthistorisch erwünschten ‚Bildung' lesen sollten, wird in der vorliegenden Untersuchung den folgenden Fragestellungen nachgegangen:

- Inwieweit kann die antikisierende Rahmung der Asterix-Erzählung über die antiken Olympischen Spiele aus geschichtswissenschaftlich-sporthistorischer Perspektive als authentisch, wirklichkeitsnah und lehrreich angesehen werden? In diesem Zusammenhang soll es auch darum gehen, angeleitet von Asterix, in die wirkliche antike Sportgeschichte als Vorläufer unserer modernen Sportgeschichte einzutauchen.
- Sporthistorische Authentizität allein kann den sporthistorischen Bildungswert eines Untersuchungsgegenstandes nicht begründen. Insofern müssen die bildungsrelevanten Werte hinterfragt werden, die immanent mit den antiken Olympischen Spielen, aber auch mit ihrer Darstellung durch Uderzo & Goscinny verbunden sind.
- Welche aktuellen zeitgeschichtlichen, kulturellen und (sport)historischen Bezüge sind mit der antikisierten Erzählung in einer Weise verbunden, dass sie den Be-

deutungsgehalt für den heutigen Leser in besonderer Weise lehrreich und amüsant gestalten?

Untersuchungsgegenstand des vorliegenden Buches ist der von Uderzo & Goscinny verfasste Asterix-Band XII, *Asterix bei den Olympischen Spielen,* in seiner deutschen Erstausgabe aus dem Jahr 1972, die zeitgeschichtlich passend zu den olympischen Sommerspielen in München im Stuttgarter Ehapa-Verlag erschien. Die französische Originalausgabe, *Astérix aux Jeux Olympiques,* wurde ebenso publikumswirksam zu den Olympischen Spielen von Mexico 1968 in Form einer Fortsetzungsgeschichte in der Comic-Zeitschrift *Pilote* von Februar bis Juli 1968 abgedruckt. Limitierte Sonderauflagen des olympischen Asterix-Bandes folgten im Jahr 2004 zu den Spielen in Athen und jüngst im Juni 2016 zu den Spielen in Rio de Janeiro.

Nach einem comic-theoretischen Exkurs soll zunächst ausführlich der Frage der historischen Authentizität des Asterix-Bandes nachgegangen werden. Im Anschluss hieran ist der sporthistorische Bildungswert der antiken Olympischen Spiele und ihrer Darstellung durch Uderzo & Goscinny zu diskutieren. Im Folgenden werden die zeitgeschichtlichen Bezüge erschlossen, mit denen die fiktive historisierende Erzählung vernetzt ist. Ausgehend von der Analyse der besonderen Möglichkeiten der historischen Bewusstseinsbildung mit Hilfe von Geschichtscomics soll abschließend zur Ausgangsfrage der vorliegenden Untersuchung Stellung genommen werden: Ist die Lektüre von *Asterix bei den Olympischen Spielen* ein empfehlenswerter Beitrag zur (sport)historischen Bildung von Erwachsenen, Jugendlichen und Sportstudierenden?

Anmerkung: Das Konzept des vorliegenden Beitrages war es ursprünglich, maßgebende Szenen des Asterix-Bandes in ihrer erzählchronologischen Reihenfolge abzubilden und einer kommentierenden historischen Analyse zu unterziehen. Diese bereits ausgearbeitete, optisch attraktive und ‚Geschichte' veranschaulichende Vorgehensweise wurde überraschenderweise von dem französischen Verlag, der im Besitz der Nutzungs- und Verwertungsrechte ist, abgelehnt. Der Verfasser, ein bekennender Fan von René Goscinny und Albert Uderzo, ist sich traurig bewusst, dass der besondere Reiz der nun vorliegenden Darstellungsform stark gelitten hat.

2. Der Comic als Genre und seine Gestaltungsprinzipien

Scott McLoud, der maßgebenden US-amerikanische Comic-Theoretiker, definiert den Comic als eine „zu räumlichen Sequenzen angeordnete, bildliche oder andere Zeichnung, die Informationen vermitteln und/oder eine ästhetische Wirkung beim Betrachter erzeugen sollen" (McLoud, 2001, S. 17). Im Comic vereinigen sich zwei Zeichensysteme, wobei Bild und Text so miteinander verschränkt sind, „dass das Werk zu einem einzigen Ausdruck wird" (Schikowski, 2014, S. 22).

Die Vorläufer moderner Comic-Literatur reichen bis zu den steinzeitlichen Höhlenmalereien in den Anfängen der Menschheitsgeschichte zurück. Sequentiell angeordnete Bildgeschichten mit ergänzenden Texterläuterungen finden sich bereits in altägyptischen Grabanlagen, auf antiken griechischen Vasenmalereien, auf dem normannischen Teppich von Bayeux und seiner Schilderung der Schlacht von Hastings, auf den massenhaft vervielfältigten Flugschriften der Reformation mit politischen Aufrufen und satirischen Kommentaren, auf den populären, das ‚einfache Volk' unterhaltenden und belehrenden Bilderbögen des 18./19. Jahrhunderts bis hin zu den satirischen Bildergeschichten Wilhelm Buschs, des englischen Punch im 19. Jahrhundert oder des deutschen Simplicissimus in der ersten Hälfte des 20. Jahrhunderts.

Aber erst mit der Übernahme der europäischen Bildergeschichten in die Sonntagsbeilagen großer US-amerikanischer Tageszeitungen Ende des 19. Jahrhunderts entstand und verbreitete sich der Begriff *Comic*. Um die Verkaufszahlen der Tageszeitungen zu erhöhen und die sonntägliche Lektüre zu einem schichten- und altersübergreifenden Familienerlebnis zu machen, traten satirische Comics für Intellektuelle neben unterhaltsame Comics für ländliche und städtische Bevölkerungsgruppen und lustige, spannende Comics für Kinder und Jugendliche. Der Comic wurde in der Folgezeit zu einem öffentlich reflektierten eigenständigen Medium und zu einer eigenständigen literarischen Gattung (Gundermann, 2007, S. 10–17).

Im Comic vereinigen sich zwei Zeichensysteme, Bild und Text, zu einer gemeinsamen Aussage. Das *Panel,* die einzelne gerahmte Szene einer Comicerzählung, ist hierbei die kleinste Sinneinheit eines Comics. Ein Panel besteht in der Regel aus einer bildlichen Darstellung, einer *Sprech- oder Gedankenblase* in Form eines Wölkchens, manchmal ergänzt durch einen *Erzähltext in Blockform* am Rand des Panels oder durch sog. *Speedlines,* die den Eindruck einer dynamischen Bewegung hervorrufen, und sog. *Soundwords* wie „Uahhhh", „Padabumm", „Zack", „Krosch" oder „Zonk" (Gundermann, 2007, S. 66 f.).

Im Panel verflochtene graphische oder sprachliche Indizien, *expressive Formatierungsmerkmale* wie übergroße Frage- oder Ausrufezeichen und vielfältig gestaltete Schriftverfremdungen (s. *Asterix und Kleopatra* oder *Asterix bei den Goten*) können Charakterzüge und Gefühle der handelnden Personen, die Lautstärke ihrer Rede, im Raum schwebende Gerüche, Kälte, Hitze, Anspannung, Enttäuschung, Freude, Erregung, Ausweglosigkeit u. v. m. zum Ausdruck bringen.

Stereotype Konstruktionen, symbolische Zeichen und Metaphern sind für den Comic konstituierende Elemente, mit denen der Leser vertraut sein muss, um die angedeuteten Sinnzusammenhänge zu verstehen. Bei Asterix & Obelix sind der Schild des Majestix, der Helm eines Römers in der Hand von Obelix und die goldene Sichel des Miraculix solche immer wiederkehrenden Symbole; und das im Meer versinkende Piratenschiff, die vorsichtig um das gallische Dorf schleichenden Wildschweine oder das abschließende Festbankett solche sich immer wiederholenden Methaphern, die ganze Geschichten erzählen und entsprechende Sinnzusammenhänge herstellen.

Ein Comic ist eine sequenzielle Kunst, eine Erzählung, die Einzelmomente, verkörpert durch die *Panels*, zu einer Geschichte aneinanderreiht. Mehrere Panels ergeben eine *Panelreihe*, die in westeuropäischen Seitenarchitekturen von links nach rechts und von oben nach unten zu lesen sind. Ein Panel funktioniert als Sinneinheit nur im Zusammenhang mit einem anderen Panel, die beide durch einen Zwischenraum, *Gutter* (Graben, Rinnstein), voneinander getrennt sind. Und hier liegt das Geheimnis des Comics. Der Leser muss durch einen interpretativen Akt, Induktion genannt, die inhaltliche Verbindung zwischen den beiden Panels herstellen. In diesem *Hiatus*, dem zeit- und erzähltheoretischen Zwischenraum zwischen den Panels, geschehen die sich vorzustellenden Dinge, die nicht in den Panels selber erzählt werden (Gundermann, 2007, S. 66–70; Schikowski, 2014, S. 21–27).

Mit Blick auf seine Gestaltungsprinzipien und Ausdrucksmöglichkeiten erfordert der Comic eine besondere „piktorale Lesefähigkeit“, die Kinder und Jugendliche implizit erwerben, die aber in der Schule explizit gefördert werden sollte. In einem aktiven und Kreativität erfordernden Leseprozess muss eine sinnstiftende Synthese von Bild, Text und Symbolik erfolgen (Gundermann, 2007, S. 72 f.). Der Comic ist deshalb eine eigenständige literarische Gattung und eine „eigenständige Kunstform, die Dinge kann, die andere Formen nicht können“ (Schikowski, 2014, S. 26).

Punktuelle Befragungen des Autors in Schulklassen und Universitätsseminaren bestätigen die verbreitete, allerdings empirisch nicht wirklich belegte Annahme, dass populäre, von Hunderttausenden gelesene Geschichts-Comicserien historisches Bewusstsein prägen – zumindest aber „ein buntes historisches Halbwissen“ von Schülern und

Erwachsenen erzeugen (Gundermann, 2007, S. 74). Die angenommene Stimulation von Geschichtsbewusstsein durch attraktive Geschichts-Comics ist hierbei argumentativ sicherlich plausibel. Die Protagonisten eines Comics wie Asterix & Obelix bringen den Leser dazu, „mit allen Sinnen (Synästhesie) und Emotionen in eine Geschichte einzutauchen und sich mit den dargestellten Figuren zu identifizieren, mit ihnen zu leiden und zu lachen" (Gundermann, 2007, S. 76). Sind die mit der Narration Uderzos & Goscinnys verbundenen historischen Rahmungen authentisch, werden solche authentischen Rahmungen auch Bestandteil der individuell erfolgenden Sinnbildungsprozesse der Lesenden. In diesem Fall käme es zu einer authentischen, sporthistorisch wünschenswerten Stimulation des Geschichtsbewusstseins.

Aufgabe des folgenden Kapitels ist es, die geschichtswissenschaftliche Authentizität der historischen Rahmungen von *Asterix bei den Olympischen Spielen* zu überprüfen.

3. Asterix bei den Olympischen Spielen auf dem Prüfstand sporthistorischer Authentizität

3.1 Forschungspositionen

Zwei Einschätzungen stehen sich mit Blick auf die Frage der historischen Authentizität der Asterix-Comics konträr gegenüber, wobei Geschichtsdidaktiker und Museumspädagogen interessanterweise mit Asterix härter ins Gericht gehen als ausgewiesene Altertumswissenschaftler.

Nach Einschätzung der Geschichtsdidaktikerin und Comictheoretikerin Gundermann kann Asterix „dem Typus der Geschichtsgroteske zugeordnet werden. Die historischen Elemente dienen lediglich zur Ironisierung aktueller Lebensumstände. Asterix erzählt damit keine römische oder gallische Geschichte und beansprucht auch nur bei der Darstellung einzelner Szenen architektonische Repräsentationsauthentizität" (Gundermann, 2009, S. 123). Unterstützt wird Gundermann in ihrer Bewertung durch die Museumspädagogin Wiechers vom Römermuseum Haltern: Asterix biete „für jeden etwas, ob Grundschüler oder Lateinlehrer. Man sollte nur nicht erwarten, dass Asterix römische Geschichte vermittelt" (Westfälisches Römermuseum Haltern, 1999, S. 31).

Dagegen betonen Altertumswissenschaftler wie der Archäologe Sinn (2001), aber auch Philologen und Althistoriker wie Brodersen (2001) oder Van Royen & Van der Vegt (1998; 2001) das vergleichsweise hohe Maß an historischer Authentizität der Asterix-Comics. Trotz aller ironisierenden und dramaturgisch motivierten Verzerrungen, Umdeutungen und verspielten Verfälschungen seien die Grundnarration der römisch-gallischen Auseinandersetzung wie die Darstellung der antiken Olympischen Spiele durchaus authentisch. Der Olympia-Archäologe Sinn kommt beispielsweise in einem Beitrag zu „Asterix und Olympia" (Sinn, 2001, S. 160) zu dem Urteil:

> „Doch wenn wir uns an die Fersen von René Goscinny und Albert Uderzo alias Asterix und Obelix heften, werden wir in vielerlei Hinsicht äußerst lebendig in die einstige Atmosphäre der Wettkampfstätte im Alpheiostal eingeführt."

Und abschließend stellt Sinn (2001, S. 176) fest:

> „Wir sind Asterix und Obelix lange genug durch Olympia gefolgt, um voller Bewunderung sagen zu können, daß Goscinny und Uderzo die charakteristische Atmosphäre des Platzes während der Festzeit wunderbar eingefangen haben.“

Im Folgenden sollen nun, geleitet von der altertumswissenschaftlichen Sekundärliteratur, die griechischen und lateinischen Primärquellen zu Wort kommen. Dem Ablauf der Comicerzählung folgend werden ausgewählte Passagen herausgegriffen und mit den übersetzten Aussagen der antiken Autoren abgeglichen, um die historische Authentizität des Comics zu überprüfen. Der Autor des vorliegenden Beitrages erhofft sich hierbei für die geneigten Leserinnen und Lesern einen doppelten Nutzen:

- mit Blick auf die Bewertung des historisch-authentischen Gehalts des vielgelesenen Asterix-Comics und
- mit Blick auf die Vermittlung von Wissen über die antiken Olympischen Spiele, die „als Modellfall einer Sportkultur schlechthin [...] eine überzeitliche Größe in der Sportgeschichte“ darstellen, „die so lange von Wert sein dürfte, wie Menschen historisch denken – nicht nur solange sie Sport treiben“ (Decker, 2012, S. 8).

3.2 Durften Gallier überhaupt an Olympischen Spielen teilnehmen?

Beginnen wir also in diesem Sinne mit dem berühmten Satz:

> „Wir befinden uns im Jahre 50 v. Chr. Ganz Gallien ist von den Römern besetzt... Ganz Gallien? Nein! Ein von unbeugsamen Galliern bevölkertes Dorf hört nicht auf, dem Eindringling Widerstand zu leisten.“ (Uderzo & Goscinny, 1972, S. 3)

Diese allseits bekannte historische Einführung, mit der auch *Asterix bei den Olympischen Spielen* beginnt, entspricht je nach Sichtweise (nicht) der historischen Wirklichkeit. Mitte des 1. Jh. v. Chr. war das sog. freie Gallien von einer Vielzahl von gallischen Fürsten und Stämmen beherrscht, die miteinander konkurrierten und wechselnde Bündnisse mit den nach Gallien vorstoßenden Römern oder gegen dieselben abschlossen. Die Sequaner, Veneter, Belger, Eburonen, Carnuten, Senonen, Treverer, Kadurker, Bituriger und nicht zuletzt die Arverner leisteten erbitterten Widerstand und brachten Caesar in einer Vielzahl von Schlachten wie etwa bei Aduatuca oder bei Gergovia an den Rand einer vollständigen Niederlage, ehe die Gallier unter Vercingetorix bei Alesia 52 v. Chr. ebenso gewaltsam wie grausam ausgehungert und geschlagen wurden. Der heroische Widerstand gegen das usurpierende Rom wurde zu einem festen Topos gallischer Identität, auch wenn das sog. freie Gallien, Gallia Comata, nördlich der Provinzen Gallia Cisalpina (Oberitalien und Alpen) und Gallia Narbonensis (Südfrankreich), in der Zeit des Augustus romanisiert und zu einem Kernland des Römischen Imperiums wurde (Christ, 2000, S. 319–355).

In der Anfangsszene von *Asterix bei den Olympischen Spielen* herrscht in dem uns so wohlbekannten kleinen gallischen Dorf in Aremorica am nordwestlichen Zipfel Galliens in der heutigen Bretagne noch tiefer Friede (Uderzo & Goscinny, 1972, S. 5).

Obelix liefert einen Hinkelstein aus, Asterix grüßt in der Sonne dösend einen seiner Mitbewohner und Troubadix hält auf seinem Baumhaus einen Mittagsschlaf, neben ihm die historisch authentisch dargestellte Leier eines gallischen Barden (Van Royen & Van der Vegt, 1998, S. 37–39). Hierbei entspricht das kleine gallische Dorf mit seinem einfachen Palisadenzaun, den verwinkelten Wegen, seinen sowohl runden als auch rechteckigen, einzeln stehenden Häuschen aus Holz, Stein und Stroh durchaus einem der schätzungsweise 5.000 Dörfer in Gallien, wie sie in den Schilderungen Caesars so häufig niedergebrannt werden (Van Royen & Van der Vegt, 1998, S. 53–59).

Dagegen herrscht in dem lagerarchitektonisch sachkundig dargestellten „befestigten Römerlager von Aquarium" große Aufregung. Denn „ein Bote hat eben die neuesten Nachrichten aus Rom gebracht. Claudius Musculus [der vor einem Spiegel posierende, muskelbepackte römische Legionär und Supersportler] wurde auserwählt, Rom bei den Olympischen Spielen zu vertreten!" (Uderzo & Goscinny, 1972, S. 5)

Diese Szene wirft die Frage auf, seit wann denn Römer bzw. sogar Gallier an Olympischen Spielen überhaupt teilnehmen durften und dies auch wirklich taten?

Die Antwort erscheint zunächst einfach, denn nach dem überlieferten Reglement durften nur freie männliche Griechen, die sich keines schwereren Verbrechens schuldig gemacht hatten, an den Olympischen Spielen teilnehmen (Ebert, 1980, S. 73). Es waren panhellenische Spiele, die Menschen gleicher Herkunft, Erziehung, Sprache und Religion, eingetragen in die Bürgerliste einer griechischen Polis, in Kult und agonalem Sport zusammenführen sollten. Nach dieser Regelung waren Römer und erst recht Gallier von den Spielen eigentlich ausgeschlossen.

Die historische Umsetzung dagegen zeigt sich aus juristischen, politischen und geistesgeschichtlichen Gründen als uneindeutig und wandlungsfähig. Zunächst gab es keine von olympischen Beamten einsehbaren Melderegister anderer griechischer Stadtstaaten, was die Kontrolle der Teilnahmeberechtigung organisatorisch fast unmöglich machte. Aber auch das Teilnahmekriterium der griechischen Herkunft war ein Politikum und nicht eindeutig zu handhaben. Im frühen 5. Jahrhundert v. Chr. galten die Makedonen noch nicht als Hellenen, und die Meldung des mächtigen Makedonenkönigs Alexander I. wurde zunächst vom Olympischen Rat abgelehnt. Erst nach geschickten genealogischen Argumentationen Alexanders erlaubten die olympischen Beamten die Teilnahme, sicherlich auch aus politischen Gründen, um den makedonischen Herrscher nicht vor den Kopf zu stoßen (Sinn, 2001, S. 160 f.).

Mit der kolonisatorischen Ausweitung des Hellenentums auf Polisbewohner in Südfrankreich, Süditalien, Spanien, Nordafrika, am Schwarzen Meer, im Nahen und Mittleren Osten u. a. erweiterten sich die regionale Herkunft und die Zahl der potenziellen Olympiateilnehmer. Seit hellenistischer Zeit wurden alle im Gymnasion hellenisch erzogenen Menschen durch den Prozess der *Paideia*, so die damalige Vorstellung, zu wahren Menschen gebildet und unterschieden sich hierdurch von den *Barbaren*. Erziehung, Bildung, Wertegemeinschaft und ein hieraus erwachsender Lebensstil inclusive die Teilnahme an agonalen Sportwettkämpfen machten nun hellenische Identität aus, egal ob ein Grieche aus Hellas, Ägypten, Syrien oder aus einer Gemeinde am Schwarzen Meer kam. Die Frage des Griechentums wurde zu einer Frage von Bildung und kultureller Prägung und war nicht mehr eine Frage von Volkstum und ethnischer Abstammung, wie Marrou (1977, S. 191–194) überzeugend nachweist. Angemerkt sei, dass dieses Verständnis von Identität und Gemeinschaft auch mit Blick auf aktuelle Diskussionen um deutsche Identität in unserer bundesdeutschen Gesellschaft durchaus bedenkenswert ist.

Mit Blick auf unsere Olympiabewerber Claudius Musculus und Asterix ist allerdings kritisch festzuhalten, dass beide Kandidaten sicherlich nicht im Prozess der *Paideia* erzogene Hellenen gewesen sind. Ihre Teilnahmeberechtigung bei den Olympischen Spielen muss also kritisch hinterfragt werden.

Aber wie verhält es sich mit der juristischen Startberechtigung der beiden Protagonisten mit Blick auf deren Status als Römer bzw. Gallier? Seit der militärischen Niederlage der Griechen und der Zerstörung Korinths durch Konsul Lucius Mummius im Jahr 146 v. Chr. konnte römischen Staatsbürgern aus politischen Gründen eine Teilnahme an den olympischen Wettkämpfen kaum verwehrt werden, auch wenn die Römer die Autonomie des griechischen Kernlandes noch lange Zeit formal bestehenließen. Wie Inschriftenfunde und Münzprägungen zeigen, erfolgte die Gründung der römischen Provinz Achaia und die schrittweise Überführung Griechenlands unter die direkte Herrschaft Roms erst kurz vor Caesars Tod. Inhaber des römischen Bürgerrechts besaßen damit auch automatisch griechisches Bürgerrecht und damit die Berechtigung an den Olympischen Spielen teilzunehmen (Sinn, 2004, S. 196–199; Huttner, 2008, S. 95 f.).

Eine andere Frage ist allerdings, ob römische Bürger in großer Zahl überhaupt danach strebten, bei Olympischen Spielen Ruhm zu erwerben. Denn der agonale Wettkampfsport war kein verankerter Bestandteil römischer Körperkultur oder römischer Körpererziehung (Backhaus, 1978, S. 240–242; Pfister, 1978, S. 250–256; Scholz, 2011, S. 196–220). Römische Bürger konnten sich freiwillig auf dem Marsfeld militärisch und körperlich ertüchtigen oder freizeitsportlich rekreativ in den großen Thermenanlagen betätigen. Ein öffentliches Wettkampfwesen oder eine agonale Sporterziehung in römischen Bildungseinrichtungen existierten nicht. Trotz verschiedener Versuche von Sulla, Tiberius oder Nero, die griechische Agonistik in Rom und Italien zu verbreiten, bevorzugte die Masse der römischen Bevölkerung den Zuschauersport in Form von blutigen Gladiatorenspielen, Tierhetzen, circensischen Wagenrennen und Naumachien. Dem Römer erschien der griechische Wettkampfsport als nutzloser Müßiggang ohne echten militärischen Nutzen, wobei man zudem Anstoß an der Nacktheit der Athleten nahm (Backhaus, 1978, S. 218 f., 224 f., 240–242; Ebert, 1980, S. 112 f.).

Die direkte römische Beteiligung am olympischen Geschehen blieb eher eine Marginalie der Sportgeschichte (Herrmann, 1972, S. 182–187). Lucius Mummius, der Zerstörer Korinths, ließ von seiner Siegesbeute vor dem olympischen Zeustempel ein Denkmal errichten. Der römische Feldherr und spätere Diktator Sulla ließ auf seinem Kriegszug nach Kleinasien den Tempelschatz von Olympia plündern und verlegte wenige Jahre später die Durchführung der Olympischen Spiele, allerdings ohne großen Zuschauererfolg, nach Rom. Abgesehen von dem peinlichen Auftritt Kaiser Neros in Olympia im Jahr 67 n. Chr. sind nur wenige echte Olympiasieger römischer Herkunft bekannt, so etwa Tiberius, der Adoptivsohn von Kaiser Augustus, oder Germanicus, der Adoptivsohn von Kaiser Tiberius, die sich als Besitzer von Viergespannen in die Siegerlisten eintragen konnten (Ebert 1980, S. 109 f.). Einige wenige Familien aus der römischen Aristokratie wie die Sippe der Vetulini hatten sich Mitte des 2. Jh. v. Chr. auf dem Peloponnes niedergelassen, „nutzten ihr neuerworbenes Recht, an den Wettkämpfen teilzunehmen, und stellten bald auch Sieger“ (Sinn 2001, S. 162).

Blickt man auf das geringe Prestige, das die Olympischen Spiele im antiken Rom und in der römisch-italischen Bevölkerung aufwiesen, sind die Ausführungen des Lagerkommandanten von Aquarium, des Zenturio Tullius Redefluss, gegenüber Claudius Musculus deshalb übertrieben und unhistorisch:

> „Wenn es dir gelingt, bei den Olympischen Spielen einen Ölzweig zu erringen, bekommen wir alle Heimaturlaub für den Zirkus und werden obendrein befördert. Das sportliche Prestige ist derart wichtig für eine Nation, daß ich sogar Präfekt von ganz Gallien werden kann, wenn du gewinnst… Laß mich also nicht fallen!“ (Uderzo & Goscinny, 1972, S. 7).

Weder hat es jemals einen Auswahlprozess der „größten Athleten der ganzen römischen Welt" für römische Olympiateilnehmer gegeben (Uderzo & Goscinny, 1972, S. 5) noch sind Belohnungen wie Heimaturlaub oder militärische Beförderungen für siegreiche römische Legionäre und Offiziere überliefert. Auch war die Teilnahme an den Olympischen Spielen eine Angelegenheit des einzelnen Athleten. Eine nationale römische Athletendelegation mit Trainern und Funktionären hat es nie gegeben.

Auch mit Blick auf eine mögliche Beteiligung unserer gallischen Dorfbewohner an den Olympischen Spielen sieht es eher schlecht aus. Selbst wenn wir annehmen, dass das „von unbeugsamen Galliern bevölkerte", nie eroberte gallische Dorf nach der Schlacht von Alesia Bestandteil der römischen Provinz Gallia Comata geworden wäre, hätten seine Bewohner damit nicht automatisch das römische Bürgerrecht erlangt. Die Vergabe des römischen Bürgerrechts war lange Zeit gallischen Eliten als Anreiz zur Kooperation mit Rom vorbehalten. Die flächendeckende Vergabe des Bürgerrechts an alle freien Bewohner des Imperium Romanum erfolgte erst mit der *Constitutio Antoniniana* durch Kaiser Caracalla 212 n. Chr. (Huttner, 2008, S. 342 f.; Sommer, 2009, S. 238–240)

Bleibt noch die Frage nach der aktiven Teilnahme weiblicher Athletinnen und weiblicher Zuschauerinnen am olympischen Geschehen. Beides wird im Asterix-Band an späterer Stelle verneint, als einer ebenso selbstbewussten wie erzürnten griechischen Frau von einem olympischen Verwaltungsbeamten am Tor der Altis der Eintritt zu den Olympischen Spielen verwehrt wird (Uderzo & Goscinny, 1972, S. 37). Auch hier mischen sich in der Darstellung des Asterix-Bandes historisch Authentisches und historisch nicht Authentisches.

Frauen waren nach dem olympischen Reglement (Pausanias, Graeciae descriptio V 6, 6–7) als aktive Teilnehmerinnen nicht zugelassen. Verheiratete Frauen waren im Gegensatz zu unverheirateten Frauen nicht einmal als Zuschauerinnen erlaubt, wenn sie nicht in Gefahr laufen wollten, als Strafe von dem Felsen Typaion hinabgestürzt zu werden. Dieses Verbot entsprach der minderberechtigten Stellung der Frau in der griechischen Antike. Frauen waren die Herrin im Haus, aber unterstanden lange Zeit zivilrechtlich dem Vater bzw. dem Ehemann oder dem nächsten männlichen Verwandten. Sie waren von allen politischen Rechten, der höheren Bildung wie der sportlichen Erziehung im Gymnasium weitgehend ausgeschlossen und spielten im öffentlichen und politischen Leben der Polisgesellschaft nur eine untergeordnete Rolle (Temporini, 1971, S. 170–172; Reinsberg, 2012, S. 257–259). Allerdings konnten sich herausgehobene Frauen wie Kyniska, die Tochter des Spartanerkönigs Archidamos II., als Besitzer eines siegreichen Viergespanns 396 und 392 v. Chr. durchaus in die olympischen Siegerlisten eintragen. In den geweihten Siegesdenkmälern wird Kyniska stolz „als ‚erste Frau Griechenlands' bezeichnet, die ‚den olympischen Kranz in Empfang genommen' habe" (Ebert 1980, S. 65). Anzumerken ist allerdings, dass es in Olympia alle vier Jahre die Sonderveranstaltung der sog. Heräen gab, sportliche Laufwettbewerbe junger Frauen zu Ehren der Göttermutter Hera (Swaddling, 2004, S. 61–63).

3.3 Ist die Darstellung der Gallier historisch nachvollziehbar?

Alle Asterix-Bände leben in ihrer Komik von den festen Rollenzuweisungen der gallischen Hauptdarsteller. Asterix ist der kleine, aber tapfere, kluge, ideenreiche und mit Zaubertrank auch starke Held; Obelix ist die körperlich überlegene, intellektuell begrenzte, aber gute Seele; der Druide Miraculix die gebildete, weise und ernsthafte moralische Instanz des Dorfes. Dagegen spielen der Barde Troubadix und Häuptling Majestix eher trottelig-ambivalente Rollen.

Majestix ist autoritär, jähzornig, ungerecht, aufbrausend, parteiisch, manchmal unwissend und vorurteilsbeladen, aber auch gutmütig, großzügig, gemeinschaftsorientiert, mutig, kampfbereit und furchtlos. Diese ambivalenten Eigenschaften und Verhaltensweisen werden anlässlich des selbstherrlich und lautstark von Majestix entschiedenen Disputs um die richtige Zubereitung von Champignons in Form einer Suppe oder eines Omeletts deutlich (Uderzo & Goscinny, 1972, S. 6), aber auch im Zusammenhang mit seiner ratlosen Ahnungslosigkeit bei der Frage der olympischen Startberechtigung seiner Stammesangehörigen (Uderzo & Goscinny, 1972, S. 13) oder bei der chauvinistischen Abwertung der aus seiner Sicht minderwertigeren griechischen Kultur (Uderzo & Goscinny, 1972, S. 22):

> „Also, Kinder! Wir sind hier als die Vertreter Galliens. Benehmt euch entsprechend. Wir wollen weder auffallen noch uns über die Eingeborenen lustig machen, auch wenn sie keine solche Kultur und keine solche glorreiche Vergangenheit haben wie wir."

Gleichzeitig organisiert Majestix führungsstark und gerecht das innerdörfliche Qualifikationsrennen um die Teilnahme an den olympischen Wettkämpfen (Uderzo & Goscinny, 1972, S. 15). Großzügig erlaubt er den (männlichen) Dorfbewohnern, von allen umjubelt, die gemeinschaftliche Begleitung von Asterix nach Olympia (Uderzo & Goscinny, 1972, S. 16) und erfragt demokratisch die Wünsche seiner Gallier bei der Gestaltung des Athenaufenthaltes (Uderzo & Goscinny, 1972, S. 22).

Historisch gesehen, kann die ambivalente Darstellung des Majestix im vorliegenden Asterix-Band als durchaus authentisch angesehen werden (Van Royen & Van der Vegt,

1998, S. 42–52). Anerkannte gallische Anführer und Häuptlinge waren keine absolutistisch-autokratischen Herrscher, sondern waren auf die Zustimmung und Anerkennung des souveränen Volkes wehrfähiger Männer angewiesen. Sowohl das Wahlrecht des Volkes als auch das Abstammungsrecht konnten bei der Legitimation gallischer Anführer wie auch im Falle von Majestix eine Rolle spielen. Bei Caesar betont der gallische Fürst Ambiorix ausdrücklich:

> „Meine Herrschaft ist von der Art, daß das Volk mir gegenüber genausoviel zu sagen hat wie ich dem Volk gegenüber." (Caesar, De bello Gallico V 27)

Neben den Häuptlingen besaßen die gallischen Druiden zur Zeit der römischen Antike eine hohe Wertschätzung und bildeten eine privilegierte Klasse im sozialen Gefüge eines gallischen Stammes, wie Caesar oder auch Plinius, Strabon oder Poseidonius berichten.

> „Den Druiden obliegen die Angelegenheiten des Kultus, sie richten die öffentlichen und privaten Opfer aus und interpretieren die religiösen Vorschriften. Eine große Zahl von jungen Männern sammelt sich bei ihnen zum Unterricht, und sie stehen bei den Galliern in großen Ehren." (Caesar, De bello Gallico VI 13)

Druiden wussten um die Stammesgesetze, regelten Streitigkeiten, gaben mündlich die Geschichte ihres Stammes weiter und waren vertraut mit Naturerscheinungen und heilenden Pflanzen (Van Royen & Van der Vegt, 1998, S. 32–35). Eine solche Leitfigur und moralische Instanz stellt auch Miraculix für das gallische Dorf und seinen Häuptling Majestix dar.

Miraculix kennt die Geschichte und Regelanforderungen der Olympischen Spiele, berät den oftmals unwissenden Majestix, verkündet und begründet die Auswahl von Asterix als olympischem Vertreter der Gallier, zeigt sich neugierig und kulturbeflissen im altehrwürdigen Athen, beharrt in Olympia auf einem fairen Wettkampfgedanken, trainiert Asterix auf der Laufbahn und überführt schließlich die römischen Athleten des Dopings (Uderzo & Goscinny, 1972, S. 11, 16, 22, 47). Miraculix trägt auch keine Hosen mit Gürtel wie die übrigen Gallier, sondern einen schlichten weißen Umhang, wie er auch bei Plinius Erwähnung findet (Plinius, Historia naturalis XVI 249–250). Die Darstellung des Miraculix entspricht also durchaus dem herausgehobenen Bild, das die historischen Quellen von den gallischen Druiden zeichnen.

Was aber hat es mit dem von Miraculix gebrauten und verteilten Zaubertrank auf sich (Uderzo & Goscinny, 1972, S. 15), der selbst dem körperlich nicht übermächtigen Asterix hilft, ganze Zenturien in die Flucht zu schlagen und ohne den auch die olympische Erzählung nicht möglich gewesen wäre?

Natürlich ist ein solcher Trank eine Erfindung von Uderzo & Goscinny, obwohl selbst hier historisch authentische Bezugspunkte zu finden sind (Van Royen & Van der Vegt, 1998, S. 32). Plinius beschreibt in seiner Naturkunde (Historia naturalis XVI 251) einen aus Misteln hergestellten kräftigenden Trank, der unfruchtbare Tiere wieder fruchtbar machen und als Gegenmittel gegen Vergiftungen eingesetzt werden konnte. Ihre Wirkung entfaltete die parasitär auf Eichen lebende Mistel nach Plinius allerdings nur, wenn sie von Druiden zu einer ganz bestimmten Zeit mit einer goldenen Sichel geschnitten wurde, was der Narration des Comicbandes *Asterix und die goldene Sichel* durchaus entspricht. Zu ergänzen bleibt, dass große Kupferkessel, in denen Getränke zubereitet wurden, bei den Galliern in der Tat vielbenutzte Alltags- und kunstvoll verzierte Kultgegenstände waren (Van Royen & Van der Vegt, 1998, S. 33).

Folgen wir bei unseren historischen Analysen weiter der Chronologie der Erzählung, so stoßen wir auf Majestix bei seinem jährlich stattfindenden Badetag, betreut von seiner Gattin Gutemine. Durch den um Audienz bittenden Zenturio Tullius Redeflus überrascht, lässt sich Majestix von seinen Schildträgern samt Badetrog zum Gespräch vor das Haus tragen (Uderzo & Goscinny, 1972, S. 10 f.). Der Zenturio ist gekommen, um Majestix zu bitten, seinen aussichtsreichen Olympiakandidaten Musculus bitte doch in Ruhe trainieren zu lassen, ohne ihn, wie geschehen, massakrierend zu demütigen (Uderzo & Goscinny, 1972, S. 8 f.).

Auch in weiteren Szenen finden sich die bekannten Ortswechsel unseres gallischen Häuptlings mit Hilfe seines Schildes und seiner gallischen Untergebenen (Uderzo & Goscinny, 1972, S. 10–14, 16, 18 u. a.). Hierbei handelt es sich um eine skurril übertriebene Darstellung mit allerdings authentischem historischen Hintergrund. Die Schilderhebung ist ein mehrfach überlieferter Rechtsakt germanischer und keltischer Stämme bei der Wahl ihres Anführers insbesondere zu Kriegszeiten und findet sich noch bei den Goten und den fränkischen Königen der Merowinger. Bei Alltagsgeschäften wurden gallische, germanische oder merowingische Herrscher allerdings nie auf Schilden getragen, wie es bei Majestix geschieht.

Kurze Zeit darauf stattet Majestix seinen Gegenbesuch im Römerlager Aquarium ab. Um den Gallier gnädig zu stimmen und sich den vermeintlichen gallischen Bräuchen anzupassen, begibt sich Zenturio Redeflus nach dem Vorbild von Majestix ebenso in seine Badewanne (Uderzo & Goscinny, 1972, S. 11 f.). Als er aber hört, dass die Gallier nun auch an den Olympischen Spielen teilnehmen wollen, kommt es zu einem hitzigen Disput in luftiger Höhe, bei dem der Römer darauf beharrt, dass keine Gallier, sondern nur freie hellenische Bürger sowie Römer an Olympischen Spielen teilnehmen dürfen. Majestix bleibt darauf ratlos auf seinem Schild zurück.

Auch wenn wir nichts über die Badebräuche gallo-keltischer Häuptlinge wissen, so ist die Badewanne unseres Zenturio Redeflus nicht gänzlich aus der Luft gegriffen. Nach Velleius Paterculus (Historia Romana II 114, 2) war Kaiser Tiberius während seiner germanischen und pannonischen Feldzüge rührend um die Gesundheit seiner Soldaten besorgt:

> „Seine Ärzte, seine eigene Küche, eine Badeeinrichtung, die man eigens für ihn allein mitführte – alles stand zur Heilung jedes Kranken zur Verfügung."

Und der griechische Militärschriftsteller Onasander, ein Zeitgenosse Caesars, betonte ausdrücklich, dass ein guter General bereit sein müsse, jeden Mann, zu welcher Zeit und an welchem Ort auch immer, selbst während der Ruhezeit, beim Essen oder beim Baden zu empfangen (Onasander XI, 6).

Nachdem die Gallier nun beschließen ‚Römer' zu sein und an den Olympischen Spielen teilnehmen zu wollen, wird Asterix als olympischer Athlet ausgewählt. Majestix chartert ein Schiff für die Überfahrt nach Athen und die Proviantfrage wird in Form einer lebenden Wildschweinherde geklärt (Uderzo & Goscinny, 1972, S. 17).

Gänzlich unhistorisch ist in der Szene, in der die ausschließlich männliche gallische Olympiadelegation im Angesicht der traurig-schluchzenden Gemahlinnen das Dorf verlässt, der berühmte Hinkelstein, den Obelix selbstverständlich als Reisegepäck mitführt (Uderzo & Goscinny, 1972, S. 18). Denn Hinkelsteine, oder besser Menhire, hatten in römischer Zeit keine Bedeutung mehr und sind den steinzeitlichen britischen, bretonischen und nordeuropäischen Megalith-Kulturen zuzuordnen, zwei- bis viertausend Jahre vor der Zeit Caesars (Briard, 2000). Ebenso unhistorisch sind die „hautengen Comic-Hosen, über denen die Wohlstandsbäuche so schmuck vorstehen", denn „ordentliche Barbarenhosen jenseits der römischen Grenzen fielen weit und schlottrig aus, nicht figurbetont wie mittelalterliche Beinlinge (Fündling, 2016, S. 20 f.).

Historisch sachgerecht ist dagegen die unterschiedliche Behelmung der ausziehenden Dorfbewohner (Uderzo & Goscinny, 1972, S. 18, 25). Die historischen Gegner Caesars trugen bronzene oder eiserne topfartige Helme mit und ohne Spitze wie Majestix oder vielfältige Verzierungen mit Hörnern, Tierdarstellungen und Federbüscheln wie Asterix und andere Gallier. Der griechische Schriftsteller Diodoros (Griechische Weltgeschichte V 30, 2) schrieb in der Zeit Caesars:

„Aufs Haupt setzen die Gallier Bronzehelme mit großem, herausragendem Figurenwerk, das ihren Trägern ein mächtiges Erscheinungsbild verschafft. In einzelnen Fällen sind an den Helmen Hörner derart angebracht, daß sie ein einziges Stück bilden; auf anderen sind Gesichter von Vögeln und vierfüßigen Tieren dargestellt."

Historisch ebenso authentisch ist die Begegnung mit dem regelmäßig in jedem Asterix-Band auftauchenden und dann ebenso regelmäßig versenkten Piratenschiff (Uderzo & Goscinny, 1972, S. 19–21).

Gut organisierte Piraten und ganze Piratenflotten stellten im 2./1. Jahrhundert v. Chr. eine ständige Bedrohung für die zivile Schifffahrt im Mittelmeerraum dar. Selbst an der Straße von Gibraltar und auf den Balearen, also direkt an der Route unserer gallischen Schiffsreisenden, verfügten die Piraten über Stützpunkte. Insbesondere im östlichen Mittelmeerraum war die Getreideversorgung Roms durch kilikische Seeräuber gefährdet, die die Handelsroute nach Ägypten, der Kornkammer Roms, bedrohten. Aber auch die olympischen Heiligtümer an der Westküste des Peloponnes mit ihren Kostbarkeiten und Schatzhäusern waren das Ziel von Piraten, die über den Fluss Alpheios das Heiligtum mit ihren Schiffen direkt erreichen konnten. Allerdings war die Piratengefahr durch den umfassenden Kriegszug des Pompeius bereits im Jahr 67 v. Chr., also 17 Jahre vor der Handlung unseres Asterix-Bandes, weitgehend beseitigt (Christ, 2000, S. 240–243, 253 f.; Grünewald, 2001, S. 90–104; Sinn, 2001, S. 161 f.)

3.4 Athen als kulturelle und touristische Attraktion

Dass die gallo-römische Delegation nicht direkt Olympia ansteuert, sondern zunächst in den realistisch dargestellten Hafen von Piräus einfährt, um Athen touristisch zu erkunden (Uderzo & Goscinny, 1972, S. 21–23), entspricht den römischen Gepflogenheiten und dem kulturellen Ansehen Athens in der Antike. Gerade die gebildeten Römer besuchten gerne und häufig Athen und schickten ihre Söhne zu Bildungsaufenthalten in die Akademien und Schulen der Stadt (Herrmann, 1972, S. 188; Scholz, 2011, S. 128 f., 341–345).

„Athen hat mir viel Spaß gemacht, jedenfalls was die Stadt angeht, ihre Sehenswürdigkeiten ...",

so lässt sich Cicero (Cicero, Epistulae ad Atticum, V 10, 5) vernehmen. Und seinem Sohn Marcus gegenüber lobt er Athen als Schule des Lebens:

> „Ob Du, mein Sohn Marcus, auch gleich, ein Jahr schon Hörer des Kratipp und noch dazu in Athen, Überfluß haben musst an Vorschriften und an Lehren der Philosophie dank der so hohen Geltung des Lehrers und der Stadt."
> (Cicero, De Officiis I 1, 1)

Und auch Fremdenführer, wie sie im Asterix-Band auftreten (Uderzo & Goscinny, 1972, S. 22), gab es in Athen, deren Akropolis schon in der Antike griechische und römische Touristen in Scharen anzog.

> „Denn dort steht [...] ein wertvoller, der Göttin Athene geweihter Tempel, der von Weitem ins Auge springt, wie einer, der seiner Göttin würdig ist. Der Tempel wird Parthenon genannt, liegt oberhalb des Theaters und erntet bei allen, die ihn anschauen, große Bewunderung."
> (Dikaiarchos, zit. nach Van Royen & Van der Vegt 2001, S. 129)

Ebenso ist die Gesamtdarstellung des Akropolishügels, dem sich unsere Gallier auf ihrem von Pferden gezogenen Wagen nähern, historisch sachgerecht (Uderzo & Goscinny, 1972, S. 23). Deutlich zu erkennen sind die mächtigen Mauern des Burg- und Tempelberges der Athener, die serpentinenartige Zuwegung, der kleine Niketempel im Vordergrund des mächtigen Eingangsbereichs der Propyläen und der alles überragende Tempel des Parthenon zu Ehren der Göttin Athene. Der Tempel wurde als Dank der Athener für den Sieg über die Perser, allerdings mit einiger Verspätung, von dem berühmten Baumeister Phidias um 440 v. Chr. unter Perikles errichtet.

Dagegen ist die Platzierung der vergoldeten Statue der Athene Parthenos unter dem blauen griechischen Himmel eine Verfälschung Goscinnys & Uderzos. Denn in Wahrheit stand die von Phidias geschaffene, 438 v. Chr. geweihte und bereits damals vielgerühmte Touristenattraktion wenig publikumswirksam im düsteren hinteren Teil der Cella des Parthenon. Dagegen stimmt die Zeichnung Uderzos weitgehend mit der ausführlichen Erläuterung des Standbildes bei Pausanias überein (Graecia descriptio I 24, 5–7). Während die vergoldete, aufrechtstehende, übermannsgroße Gesamterscheinung der Athene mit langem Chiton, Schild, Schlange und kleiner Statuette der Siegesgöttin Nike durchaus authentisch ist, fehlt in der Zeichnung Uderzos nur die bei Pausanias beschriebene, für die Göttin Athene so charakteristische Lanze (Uderzo & Goscinny, 1972, S. 25).

Im Anschluss an die Besichtigung von Athen erholen sich die Gallier von dem anstrengenden Tagesgeschäft in einer mit Wein, Musik, Tanz und schönen Frauen feuchtfröhlich durchzechten Nacht (Uderzo & Goscinny, 1972, S. 26 f.). Auch wenn Alkoholgenuss, tanzende Frauen und unterhaltsame Gespräche durchaus an die bei Platon beschriebene Symposionkultur der alten Griechen erinnern, gleicht die Comicdarstellung doch eher dem heutigen touristischen Nachtleben in der Athener Altstadt, der Plaka, am Fuße der Akropolis (Van Royen & Van der Vegt, 2001, S. 132–134).

3.5 Die Darstellung des antiken Olympias

Es folgt der Aufbruch der gallischen Besucher- und Sportlerdelegation in das etwa 300 km von Athen entfernte Olympia, was die Frage aufwirft, an welchen Olympischen Spielen Asterix & Obelix denn genau teilgenommen haben. Nach der antiken Zählung der sog. Olympiaden, also des jeweiligen Vier-Jahres-Zeitraums zwischen zwei Spielen, fanden Olympische Spiele in den Jahren 48 v. Chr. und 44 v. Chr. statt. Da Caesar bekanntlich an den Iden des März ermordet worden ist und die Olympischen Spiele immer nach dem zweiten oder dritten Vollmond nach der Sommersonnenwende stattfanden (Finley & Pleket, 1976, S. 57), muss es sich in unserem Asterix-Band folglich um die 183. Olympischen Spiele im Jahre 48 v. Chr. gehandelt haben (Van Royen & Van der Vegt, 2001, S. 124).

Die olympische Zeitrechnung nach Olympiaden, die seit Ende des 4. Jh. v. Chr. in allen griechischen Stadtstaaten anerkannt war, verdeutlicht zudem die große panhellenische Bedeutung der Olympischen Spiele. Denn so wie etwa die Athener ihre Zeitrechnung nach dem Amtsjahr eines regierenden Archonten ausrichteten, hatte jede größere griechische Polis ihre eigene Zeitrechnung (Sontheimer, 1967, Sp. 2455 ff.; Van Royen & Van der Vegt, 2001, S. 123). Nur die Zeitrechnung nach Olympiaden war allen Hellenen gemein. So datiert Pausanias (Graecia descriptio VII 25, 4) beispielsweise die Jahresangabe der Vernichtung der Stadt Helike durch ein Erdbeben mit den Umschreibungen:

> „Die Vernichtung von Helike geschah, als Asteios in Athen noch Archon war, im vierten Jahr der 101. Olympiade, an der Damon aus Thurioi zum ersten Mal siegte."

Vor dem Eintreffen der gallischen Olympiadelegation wird im Asterix-Band einleitend die räumlich-architektonische Gestaltung des antiken Kult- und Wettkampfortes vorgestellt. Auch hier mischt sich viel Authentisches mit einigen Verfälschungen, räumlichen Verzerrungen und wenigen eindeutigen Fehldarstellungen zu einem insgesamt lehrreichen Gesamteindruck der großartigen antiken Gesamtanlage zu römischer Zeit (Uderzo & Goscinny, 1972, S. 28).

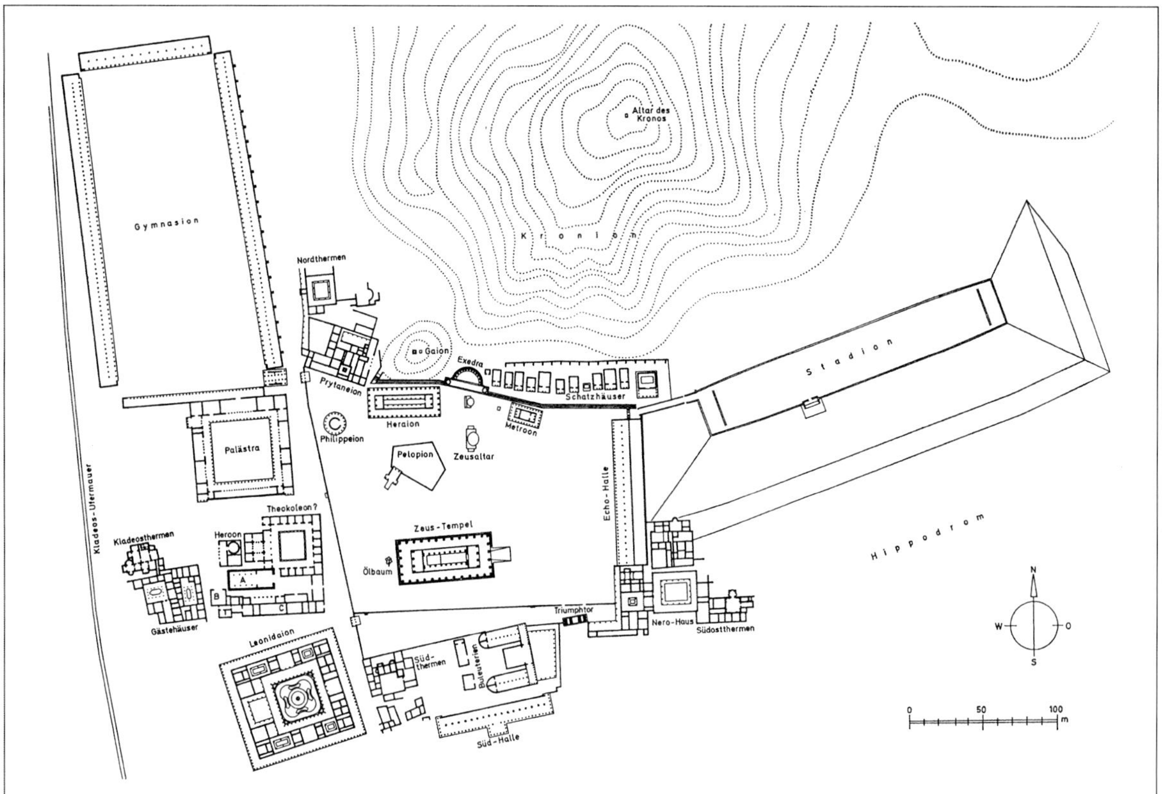

129 Olympia in der römischen Kaiserzeit (1.–3. Jahrhundert n. Chr.)

Abb. 1: Gesamtansicht Olympias in römischer Kaiserzeit (nach Decker, 2012, S. 168)

Umgeben von Athletikstadion und Hippodrom und eingerahmt von der Altismauer, zeigt die bildliche Überblicksdarstellung von Uderzo & Goscinny (1972, S. 28) den Heiligen Bezirk mit den sakralen Anlagen Olympias: Deutlich zu erkennen sind der große Zeustempel des Phidias im Zentrum der Darstellung, direkt daneben der ältere Heratempel und der kleinere Rundbau des Philippeions, errichtet aus Spendengeldern des Makedonenkönigs Philipp II., des Vaters von Alexander dem Großen. Vor dem Heratempel windet sich die Prozessionsstraße zwischen dem kleinen Metroon (Rhea-Tempel) und den allerdings nur 6 gezeichneten anstatt historisch 12 Schatzhäusern reicher griechischer Spenderstädte bis zum Eingangstunnel des Stadions und bis zu der nahezu 100 m langen Echohalle mit ihren an die 50 dorischen Säulen. Die Säulenfront der Echohalle ist in der Zeichnung Uderzos allerdings fälschlicherweise auf die dem Betrachter zugewandte rückwärtige Seite der Halle verlegt worden. Vor dem Heratempel kann man den kleinen Tempelbau der pentagonalen Grabanlage des mythischen Helden Pelops erkennen und hinter dem Heratempel den naturbelassenen Bezirk der Erdgöttin Gaia erahnen (Herrmann, 1972, S. 69, 124–171, 184; Sinn, 2004, S. 84–86).

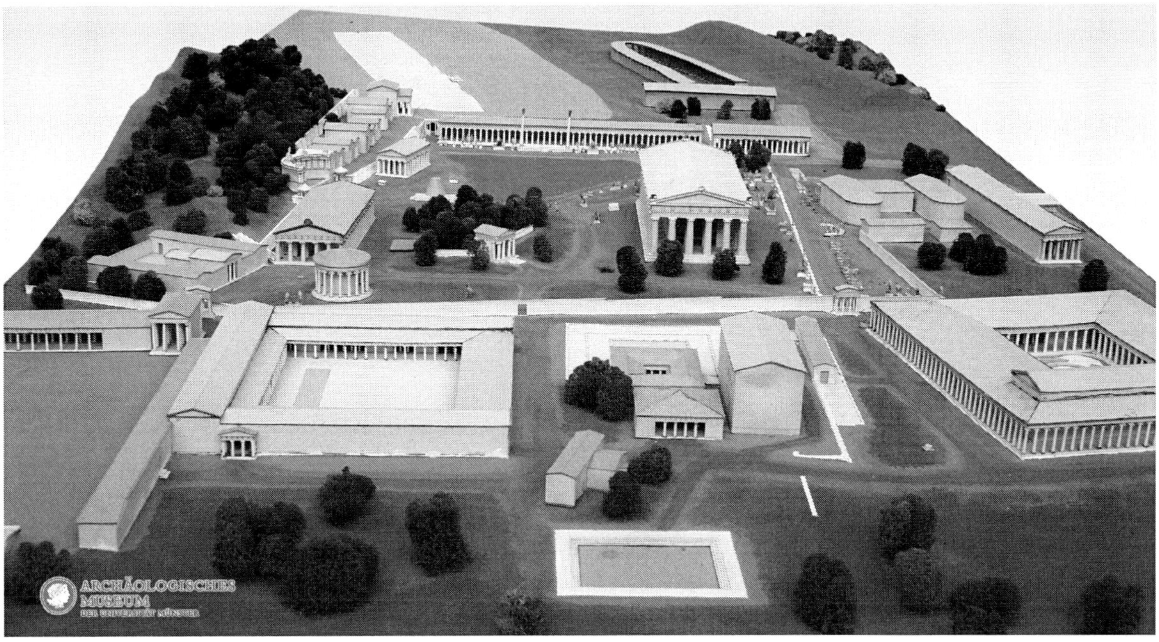

Abb. 2: Olympia im 1. Jh. v. Chr., E. Mallwitz 1960, Archäologisches Museum WWU Münster, Inv.-Nr. AM 1 (Foto: Robert Dylka).
Vordere Ebene von links: Gymnasion, Palästra, Leonidaion; mittlere Ebene: hinter der Altismauer: Prytaneion, Heratempel, Philippeion, Pelopsheiligtum, Zeustempel, Buleuterion mit 2 Apsiden
hintere Ebene: Kronoshügel, 12 Schatzhäuser, Metroon, Echohalle, dahinter Stadion und Hippodrom

Außerhalb der Altis findet sich bei Uderzo & Goscinny historisch authentisch die quadratische Palästra als Trainingsstätte der Boxer, Ringer und Pankrateasten. Das langgestreckte Gymnasion mit überdachter 200-m-Laufbahn sucht man allerdings vergebens (Herrmann, 1972, S. 175–180). Der zum Zeustempel führende Haupteingang zur Altis in römischer Zeit, ein kunstvoll verziertes Tor in der Südwestecke der Anlage, ist durchaus authentisch dargestellt (s. Abb. 1; Decker, 2012, S. 168).

Bei der komplexen Heiligtums- und Sportverwaltung und der ihr zuzuordnenden Gebäudekomplexe kommen Uderzo & Goscinny allerdings ins Schleudern. Mit der Entwicklung Olympias von einem lokalen Heiligtum mit sportlichem Rahmenprogramm zu einem panhellenischen Sportfest mit kultischem Rahmenprogramm entwickelte sich eine immer komplexer werdende Heiligtums-, Bau- und Sportverwaltung unter Aufsicht der Stadt Elis, die seit etwa 580 v. Chr. die staatlich-politische Kontrolle über Olympia innehatte. Nach Uderzo & Goscinny (1972, S. 28) gab es das Hellanodikeion, den „Sitz der Hellanodiken, der zehn von eleischen Magistraten bestellten Kampfrichter", das Prytaneion als „Sitz der Regierungsmitglieder, der Prytanen" und das „Buleuterion, Sitz des olympischen Senats".

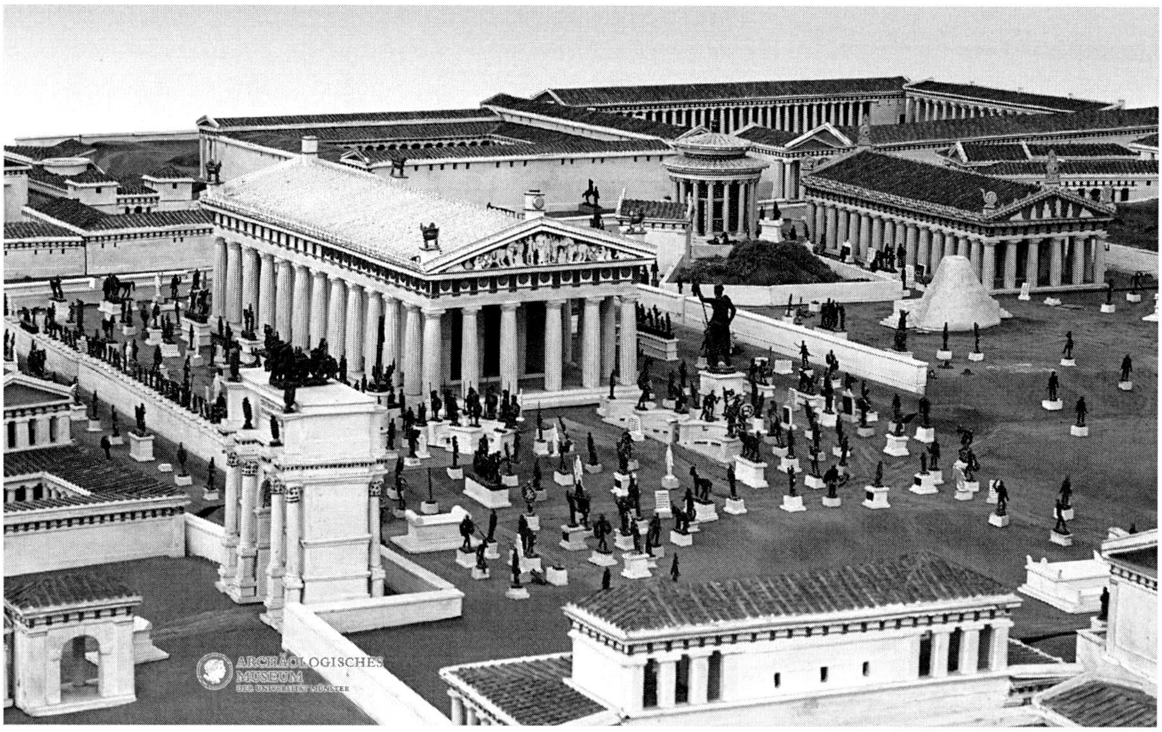

Abb. 3: Olympia in der römischen Kaiserzeit, F. Korfsmeyer 1964,
Archäologisches Museum der WWU Münster, Inv.-Nr. AM 8 (Foto: Robert Dylka).
Antike griechische Tempelbezirke waren eindrucksvolle farblich gestaltete Komplexe,
westliches Eingangstor, Statuen- und Altaransammlung vor dem Zeus- und Heratempel, dazwischen
Pelopsheiligtum und Aschenaltar des Zeus, im Hintergrund Palästra und Gymnasion

Das historische Prytaneion lag nördlich des Heratempels am westlichen Fuß des Kronoshügels und ist in der Gesamtansicht des olympischen Geländes im Asterix-Band (Uderzo & Goscinny, 1972, S. 28) durchaus klar zu erkennen. Das Prytaneion war, historisch gesehen, der Amtssitz der Prytanen, der Ratsherren der Stadt Elis, die mit ihrem Amtslokal innerhalb der olympischen Altis ihren politischen Anspruch auf die Kontrolle des wichtigsten panhellenischen Kult- und Sportfestes unwiderruflich verdeutlichen wollten.

Das Hellanodikeion existierte in der Tat – allerdings nicht in Olympia, sondern in der Stadt Elis (Pausanias, Graeciae descriptio VI 24, 1). Das Hellanodikeion war das Amtslokal der 8–12 Hellanodiken, die von den 8–12 Bürgerbezirken (Phylen) der Stadt Elis gewählt (Pausanias, Graciae descriptio V 9, 4–6) und nicht von den eleischen Magistraten bestimmt wurden, wie es bei Uderzo & Goscinny heißt. In Elis wurden die Hellano-

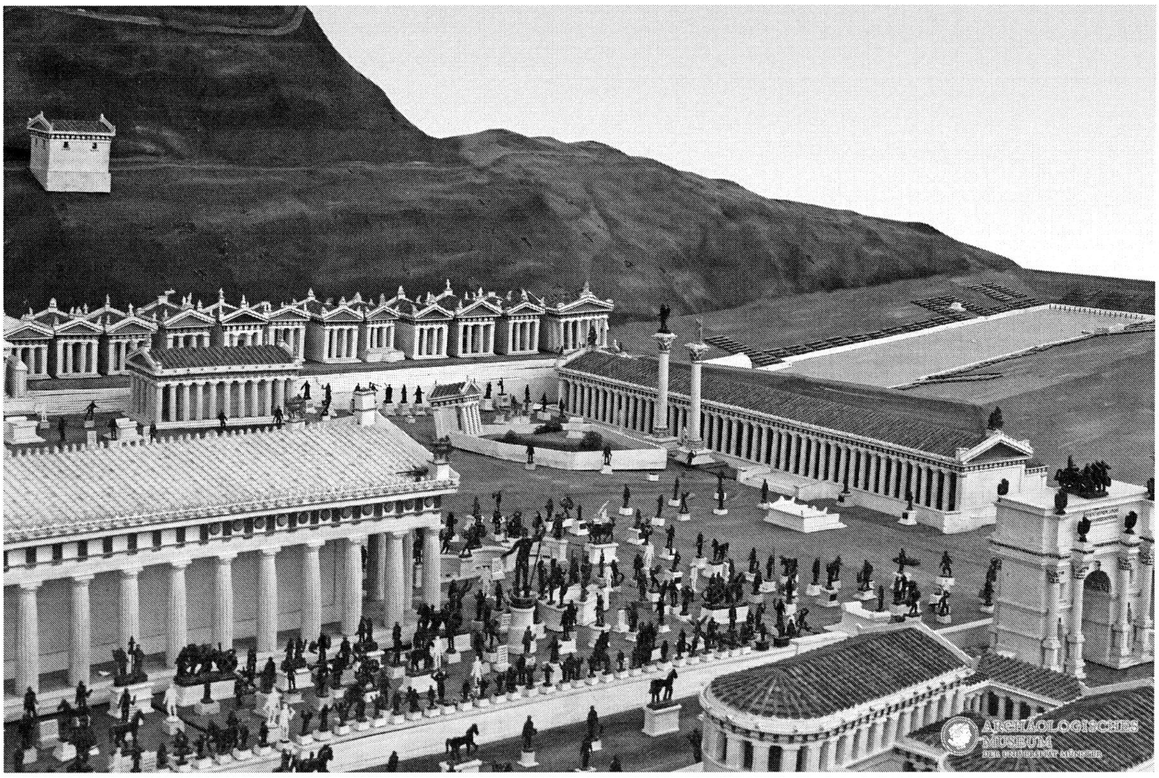

Abb. 4: Olympia in der römischen Kaiserzeit, F. Korfsmeyer 1964,
Archäologisches Museum der WWU Münster, Inv.-Nr. AM 8 (Foto: Robert Dylka).
Blick von Westen auf Kronoshügelmit mit Heiligtum, Schatzhäusern, Echohalle mit Eingangstunnel zum Stadion, im Vordergrund das Buleuterion vor der Altismauser und Westtor

diken zehn Monate lang von den verantwortlichen Gesetzeswächtern (Nomophylakes) mit allen Details des sportlichen und kultischen Reglements vertraut gemacht (Pausanias, Graeciae descriptio VI 24, 3; Sinn, 2004, S. 108 f., 114) und wurden zu den eigentlichen kultischen Organisatoren und sportlichen Veranstaltern der Olympischen Spiele ausgebildet. Ihr Amtslokal in Olympia selbst war allerdings das Theokoleion im Südosten des Heiligtums und nicht das Hellanodikeion.

Wie die Darstellung des sportlichen Geschehens im Asterix-Band historisch wirklichkeitsnah verdeutlicht, waren die Hellanodiken als Kampfrichter und Organisatoren der Wettkämpfe immer wieder Bestechungsversuchen durch Athleten und Trainer ausgesetzt. Als oberstes Kontroll- und Petitionsorgan fungierte deshalb die olympische Bulé, der altehrwürdige Olympische Rat, der sich aus Mitgliedern der eleischen Oberschicht zusammensetzte und im Buleuterion seinen Sitz hatte (Herrmann, 1972, S. 104 f.; Sinn,

2004, S. 110 f.). Das im Asterix-Band mit zwei Apsiden versehene und dort als Prytaneion bezeichnete Verwaltungsgebäude ist nach dem von Uderzo gezeichneten Erscheinungsbild das historische Buleuterion. Hier mussten die Athleten und Trainer den berühmten olympischen Eid auf Einhaltung der olympischen Regeln im Angesicht der Statue des blitzeschleudernden Zeus Horkios ablegen (Uderzo & Goscinny, 1972, S. 32). Der Olympische Rat hatte zudem die Aufgabe einer Baubehörde und koordinierte Bau- und Renovierungsmaßnahmen, die Aufstellung und Ausgestaltung der Vielzahl von Altären sowie die Errichtung von Siegerstatuen für Olympioniken. Deren Statuen durften bei mehrfachem Gewinn des Siegeszweiges die individuellen Gesichtszüge der Athleten annehmen, was Sterblichen ansonsten untersagt war. Durch ihren Sieg, überbracht von der Göttin Nike, wurden die Olympioniken in die Sphäre des Göttlichen und über den Status eines Normalsterblichen erhoben (Sinn, 2004, S. 107, 110). Das unübersichtliche Gewirr von hunderten von Altären und Siegerstatuen in der Altis der römischen Zeit wurde durch ein Dutzend bronzener Schandstatuen ergänzt, den Zanes-Statuen. Sie mussten auf Anordnung des Olympischen Rates von Athleten errichtet werden, die die olympischen Regeln gebrochen hatten. Die Zanes-Statuen sollten den aktiven Athleten am Weg zum Stadioneingang (s. Abb. 5) als Warnung vor Betrug und Bestechung dienen. Athleten wie der Athener Kallipos, der 332 v. Chr. seine Gegner im Pentathlon bestochen hatte, luden schwere Schande auf sich und ihre Heimatstadt (Swaddling, 2004, S. 57). Als sich Athen weigerte, die Buße für Kallipos zu entrichten, drohte das Orakel von Delphi Athen damit, es

> „werde ihnen nicht eher über irgendetwas ein Orakel geben, als bis sie die Strafe an die Eleer gezahlt hätten. So zahlten sie und wurden die [Schand-] Statuen für Zeus gemacht." (Pausanias, Graciae descriptio V 21,5–6)

Insgesamt vermittelt die Darstellung von Uderzo & Goscinny einen sehenswerten Überblick, die dem Betrachter eine gelungene Orientierung über die antike Gesamtanlage Olympias in römischer Zeit liefert. Mit Blick auf das historische Gewirr von Altären und Statuen (s. Abb. 3, 4) erscheint die Abbildung allerdings wie die Zeichnung eines Architekten, der mit seinem Modell für ein Bauprojekt wirbt.

Die Darstellung des Stadions und des Hippodroms sind bei Uderzo & Goscinny dagegen fehlerhaft. In archaischer Zeit befand sich das Stadion weiter westlich in direkter Nähe von Zeustempel und Zeusaltar. Der im Wettkampf bei leichtathletischen (Laufdisziplinen und Pentathlon) und schwerathletischen Agonen (Boxen, Ringen, Pankration) vergos-

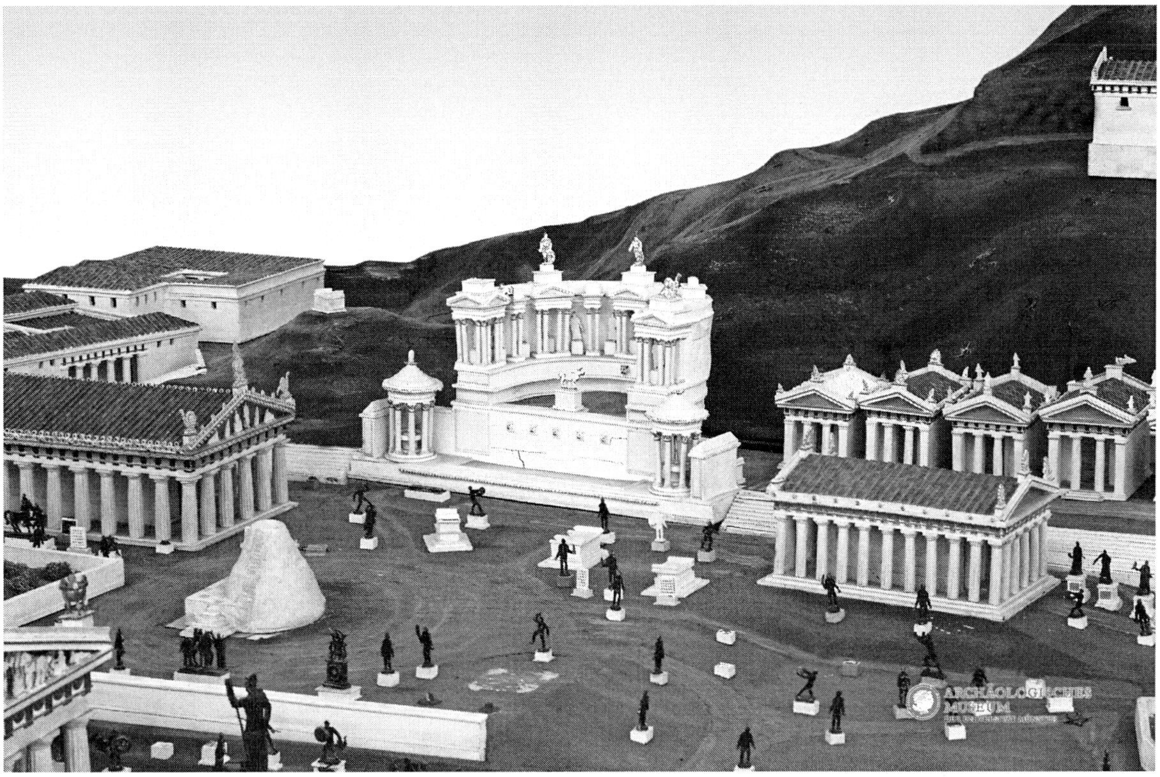

Abb. 5: Olympia in der römischen Kaiserzeit, F. Korfsmeyer 1964,
Archäologisches Museum der WWU Münster, Inv.-Nr. AM 8 (Foto: Robert Dylka).
Blick auf den Prozessionsweg vom Zeus- und Heratempel mit Aschenaltar des Zeus vorbei an Sieger- und Zanes-Statuen, Nymphäum, Metroon und Schatzhäusern zum Stadion

sene Schweiß symbolisierte das kultische Opfer der Athleten an den Gott Zeus. Der Bau der Altismauer um den Heiligen Bezirk in hellenistischer Zeit hob die Einheit von religiösem Kult und sportlichem Wettkampf auf, und das Stadion wurde weiter nach Osten verlegt und mehrfach vergrößert.

Die schätzungsweise 40–50.000 Zuschauer verfügten aber keineswegs über den Komfort aufwendiger Stein- und Sitztribünen, wie es bei Asterix dargestellt ist, sondern sie standen unbequem und von der Sonne ungeschützt auf einem großen Erdwall, der das Stadion umgab. Nur für die Hellanodiken existierte eine steinerne Kampfrichtertribüne mit Sitzgelegenheiten (s. Abb. 4; Swaddling, 2004, S. 39–44).

Mit Blick auf die Stadionausmaße geben Uderzo & Goscinny (1972, S. 28) eine historische Legende weitgehend korrekt wieder. Denn, wie im Asterix-Band angegeben, soll der von Zeus gezeugte Halbgott Herakles, der mythische Begründer Olympias, die Länge der Laufbahn eigenfüßig mit 600 Fuß vermessen haben (Finley & Pleket, 1980, S. 51). Bei einer Stadionlänge von 192 m lebte Herakles dann allerdings auf noch größerem Fuß als von Goscinny & Uderzo angegeben. Nach EU-Maß muss Herakles eine Schuhgröße von 50 und nicht von 46 gehabt haben!

Die räumliche Lage, die Größe und die Architektonik des Hippodroms, der Wettkampfstätte der hochangesehenen Vier-, Zweigespann- und Galopprennen von professionellen Wagenlenkern und Jockeys mit Pferden und Maultieren (Swaddling, 2004, S. 50 f.), sind dagegen verzerrt dargestellt, vergleicht man die Zeichnung Uderzos mit einem wissenschaftlich fundierten Lageplan (s. Abb. 1, Decker, 2012, S. 168). Mit über 600 m Länge, über 200 m Breite und einer Rundenlänge von über 1200 m war das Hippodrom dreimal so groß wie das Athletikstadion. Das Hippodrom verfügte keineswegs wie die späteren römischen Zirkusanlagen über ein vollständiges Zuschaueroval mit festen Steintribünen, wie im Asterix-Band dargestellt, sondern nutzte sehr wahrscheinlich allein die südlichen Erdwallanlagen des Athletikstadions als Zuschauertribüne. Die von Pausanias gerühmte und ausführlich beschriebene Startanlage des Kleoitas (Pausanias, Graeciae descriptio VI 20, 10–15; Sinn, 2004, S. 134–136) fehlt in der Zeichnung Uderzos gänzlich.

Zwischen Hera-Tempel und Schatzhäusern befand sich das Nymphäum (s. Abb. 5), eine aufwendige, halbkreisförmige vierstöckige Brunnenanlage mit einer Vielzahl von Statuen und Säulen, die allerdings im Asterix-Band zu einem theaterähnlichen Gebäude mutiert und mit dem Erscheinungsbild des historischen Nymphäums nichts zu tun hat. Zudem wurde die Brunnenanlage zu den Olympischen Spielen des Jahres 153 n. Chr. feierlich eingeweiht, also 200 Jahre nach den Olympischen Spielen, mit denen wir uns beschäftigen. Die Brunnenanlage war eine große Wohltat für die Teilnehmer der Großveranstaltung mit ihren Zehntausenden von Besuchern, da sie die ständigen Wasserprobleme in Olympia löste. Zu der Zeit von Asterix & Obelix mussten sich die nach Olympia strömenden Massen mit katastrophalen hygienischen Verhältnissen abfinden. Archäologisch nachweisbar sind über 300 kurzfristig ausgehobene Brunnenschächte mit vier bis sieben Meter Tiefe, über die die Besuchermassen notdürftig an Grundwasser gelangen konnten. Nur für wenige, gehobene Gäste stand bereits im 5. Jahrhundert v. Chr. eine Frischwasserversorgung über Tonrohrleitungen zur Verfügung, die zu einer nahegelegenen Quelle nördlich des Heiligtums führten (Sinn, 2004, S. 122 f.; Gauer, 2012, S. 99–102).

Es gab keine Kanalisation und Toiletten, so dass über 50.000 Menschen ihre Notdurft in der glutheißen Senke zwischen dem im Sommer ausgetrockneten Kladeos und dem größeren, wasserführenden Alpheios verrichten mussten. Auf jeden Fall muss es an windstillen Tagen erheblich gestunken haben und die Fliegenplage war so groß, dass im Heiligtum eigens ein Altar für Zeus Apomyios (d. h. Fliegenabwehrer) errichtet wurde.

> „Brennt dort die Sonne nicht glühend heiß? Kann man sich dort überhaupt reinigen? All der Lärm und das Geschrei [...] Jeder drückt und schiebt und stößt",

heißt es bei einem Schüler des Moralphilosophen Epiktet, der von dem Besuch des größten panhellenischen Sportfestes dringend abrät (zit. nach Sinn, 2001, S. 165). Erst die prachtvolle Brunnenanlage des Herodes Attikus und seiner dem römischen Kaiserhaus nahestehenden Gemahlin Regilla, eines der reichsten Ehepaare der damaligen Zeit, schuf mit Blick auf die katastrophale Wasserversorgung grundlegende Abhilfe. Seit 153 n. Chr. floss frisches Quellwasser über ein 10 km langes Aquädukt aus den peloponnesischen Bergen nach Olympia, wo das teure Nass über ein weitverzweigtes Kanalsystem auf das Areal des Heiligtums verteilt wurde, zum Nutzen der Athleten, Trainer und Zuschauer (Herrmann, 1972, S. 192 f.; Sinn, 2004, S. 202–204).

Hochgestellte Gäste und Delegationsleiter wohnten und speisten seit hellenistischer Zeit in einem der wenigen Gästehäuser, das gehobenen Ansprüchen gerecht werden konnte, wobei das Leonidaion die angesehendste dieser Herbergen war. Bei Pausanias (Graecia descriptio V 15, 2) heißt es hierzu:

> „Dieses Leonidaion liegt außerhalb der Umfassungsmauer des Heiligtums und an dem Festzugseingang in die Altis [...] Es ist eine Stiftung eines Einheimischen Leonides, und zu meiner Zeit nahmen hier die [römischen] Statthalter von Griechenland ihre Wohnung."

Auf ihrer Suche nach der feiernden gallischen Zuschauerdelegation schlendern Asterix, Obelix und Miraculix durch das als „Olympisches Dorf" bezeichnete Zeltlager der olympischen Festbesucher (Uderzo & Goscinny, 1972, S. 35). Das von Uderzo gezeichnete Olympische Dorf mit seinem Gewirr verschiedener Zeltformen, mit den Wäscheleinen, Wäschetrögen und Grillvorrichtungen mag dem amüsierten Asterixleser auf den ersten Blick als Verballhornung des sakralen Festortes erscheinen, aber dem ist nicht so. Die Masse der Besucher wohnte auf der Festwiese außerhalb des Heiligen Bezirkes am Rande des Alpheios in Zelten, Laubhütten und eilig zusammengehauenen Bretterbuden (Gauer, 2012, S. 102). Der erste Hammerschlag der zu ihrer Errichtung angestellten Zimmerleute galt als das offizielle Zeichen für den Beginn der Feierlichkeiten. Auf der Festwiese wurde gegessen, getrunken, gefeiert, gestritten, gehandelt und geschlafen. Fahrende Händler, Wasserverkäufer und Bäcker boten ihre Waren feil. Sänger, Tänzer, Akrobaten, Bettler, Zuhälter, Geldwechsler und Wetten anbietende Anhänger von Athleten machten das bunte Treiben zu einer jahrmarktähnlichen Veranstaltung (Finley & Pleket, 1976, S. 57).

Zehntausende von Zuschauer aus allen Teilen der griechischen Welt drängten sich auf engstem Raum in den schmalen Gassen der Zelt- und Hüttenstadt. Sizilische Herrscher und athenische Nachwuchspolitiker gaben großzügige Spenden an die Heiligtumsverwaltung, um ihre kostbar ausgestatteten Prunkzelte für alle gut sichtbar am Rand des Prozessionsweges platzieren zu können (Sinn, 2001, S. 163 f.). Die Masse der Zuschauer war dagegen froh, in der drangvollen Enge nach oftmals wochenlanger Anreise überhaupt irgendwo unterzukommen. Auch wenn die Reise nach Olympia zum Sozialprestige der griechischen Bürgerschaft gehörte, machten Hitze, unangenehme Gerüche, fehlende Aborte, Fliegen, Moskitos, Wasserknappheit und Streitereien den Aufenthalt zu einem zweifelhaften Vergnügen. Bezeichnenderweise drohte ein Mühlenbesitzer von der griechischen Insel Chios seinem ungehorsamen Sklaven damit, ihn von der Arbeit in einer Tretmühle zu befreien und dafür als Diener nach Olympia mitzunehmen, worauf der Sklave angeblich schnell wieder gehorsam war.

3.6 Athletische Ideale und Trainingsverhalten in der griechischen Antike

Nachdem Uderzo & Goscinny dem Leser einen durchaus sehenswerten und in vieler Hinsicht auch authentischen Überblick über die verwirrende Gebäudevielfalt Olympias gegeben haben, erfolgt auf der nächsten Seite des Comics der Einzug der gallischen Delegation in Olympia (Uderzo & Goscinny, 1972, S. 29).

Allerdings entspricht die Darstellung der französischen Comicautoren diesmal nicht den historischen Gepflogenheiten. Denn alle teilnehmenden Athleten hatten an einem vierwöchigen Pflichttraining unter der Aufsicht der Hellanodiken in Elis teilzunehmen. Das strapaziöse Übungsprogramm in den drei Gymnasien von Elis war eine Art Test für die im Olympischen Eid geforderte zehnmonatige Wettkampfvorbereitung der Athleten und sicherte den hohen Leistungsstandard in Olympia. Die Hellanodiken überprüften die griechische Abstammung der Athleten, ihre Unbescholtenheit und klassifizierten die Teilnehmer in Altersklassen (Klasse der Männer und Klasse der Jünglinge; Einteilung der Pferde und Maultiere in Hengste, Stuten und Fohlen). Anschließend führten die Hellanodiken die Athleten und Trainer zu Fuß in einer feierlichen, durch Opfer unterbrochenen, zweitägigen Prozession die 60 km lange Strecke nach Olympia (Swaddling, 2004, S. 77 f.).

Nach der Erzählung Goscinnys sitzen zwei Beamte der Heiligtumsverwaltung am südwestlich gelegenen Haupteingang der Altis vor ihren Schriftrollen (Uderzo & Goscinny, 1972, S. 29). Sichtlich verwundert über die ankommende Horde ‚gallischer Römer' samt Wildschweinherde verwehren die überraschten Griechen historisch sachgerecht der großen Delegation den Eintritt. Denn vor Beginn des Festes hatten nur Athleten und Trainer Einlass in den Sakralbereich des Heiligtums. Als sich Majestix, Asterix und Obelix als Römer und teilnahmeberechtigte Athleten zu erkennen geben, ertönt der verständliche Ausruf der beiden überforderten Beamten: „RÖMER? … Das ist Roms Untergang!“, was angesichts der Körperstatur der drei gallischen Helden im Vergleich mit dem griechischen Athleten- und Schönheitsideal des *kalos agathos*, des schönen, guten, klugen und starken Mannes und Kämpfers, verständlich erscheint (Marrou, 1977, S. 101–104).

Van Royen & Van der Vegt verweisen in dieser Szene auf ein oft übersehenes, bemerkenswertes Detail der Comic-Zeichnung. Denn die beiden wirkungsmächtigen Comic-Autoren haben sich in einem Relief hinter den beiden Verwaltungsbeamten in altgriechischen Schriftzeichen persönlich verewigt. In Anlehnung an Herakles und eine der von ihm zu lösenden zwölf Aufgaben als Bezwinger des von Poseidon mit Raserei geschlagenen kretischen Stieres drücken Goscinny, auf der linken Seite als „Despotes“, Zwingherr, und Uderzo, auf der rechten Seite als „Tyrannos“, Gewaltherrscher, das mächtige Tier an seinen Hörnern zu Boden (Van Royen & Van der Vegt, 2001, S. 135 f.).

Der Weg durch das olympische Heiligtum führt Asterix, Obelix und Miraculix an den Übungsstätten der römischen und später der griechischen Konkurrenten vorbei, so dass es sich an dieser Stelle lohnt, die gezeigten Trainingsstätten und Trainingsmethoden der Gallier, Römer und Griechen in den prüfenden Blick zu nehmen.

Der Druide Miraculix meldet seinen Athleten Asterix verständlicherweise (ohne Zaubertrank) nicht für die schwerathletischen Kampfagone, sondern für die leichtatletischen Laufagone als Teilnehmer an. Sowohl die Talentfindung und die Talentauswahl als auch der Trainingsprozess und der Trainingsumfang des gallischen Athleten Asterix wirken hierbei allerdings wenig professionell: „Ich dreh´ jetzt eine Runde auf der Piste. Sand mal meine Zeit“, sagt Asterix zu seinem Trainer Miraculix, der daraufhin relativ unbedarft und ohne sichtbare Expertise auf einem der Altiswege mit einer Sanduhr die Zeit des sprintenden Asterix stoppt (Uderzo & Goscinny, 1972, S. 37). Während Asterix nach diesem einen Testlauf sichtlich zuversichtlich von dannen schreitet, ist Miraculix bei der Bewertung des Trainingsergebnisses im Angesicht der durchtrainierten griechischen Konkurrenz unsicher, ohne hieraus aber weitere notwendige Trainingsanforderungen abzuleiten.

Im Gegensatz hierzu wirkt das Training sowohl der römischen als auch insbesondere der griechischen Athleten deutlich professioneller. In spezieller Sportkleidung, angeleitet durch Trainer in roten Gewändern, trainieren spezialisierte Athleten mit entsprechend muskulös definierten Körpern mit hohen Intensitäten und Trainingsumfängen und erkennbar systematischen Trainingsmethoden in speziellen Trainingsräumlichkeiten (Uderzo & Goscinny, 1972, S. 28, 31). Auch wenn es den abgebildeten Hochsprung mit Hochsprungständern moderner Art als olympische Leichtathletik-Disziplin nicht gab und die erkennbaren Sprunggewichte, die 2–4 kg schweren Halteren, nur bei einer Art Standweitsprung mit wahrscheinlich drei Sprüngen zum Einsatz kamen (Geese, 2005, S. 57–66), wirken die gezeigten Momentaufnahmen dennoch historisch plausibel. Aus den gymnastischen und athletischen Lehrbüchern der antiken Zeit sind eine Vielzahl von modern anmutenden Trainingsmethoden und Trainingsmitteln bekannt. Dazu gehörten Gewichte und Hanteln, Zusatzgewichte für Schwerathleten, Sandsäcke zum Box- und Hebetraining, systematische Bewegungskorrekturen, disziplinspezifische Belastungsnormative, Tetraden-Intervall-Trainingsmethoden, Ausdauer- und Tempoläufe im Wechsel, Läufe in tiefem Sand und auf hartem Untergrund u. a. (Jüthner, 1965, S. 191–197; Ebert, 1980, S. 122; Swaddling, 2004, S. 66–72; Sinn, 2004, S. 144).

Im Asterix-Comic sehen wir Kräftigungs- und Kraftrainingsformen, Formen des Beweglichkeits- und Dehnungstrainings, Trainingskämpfe, Testsprünge, Trockenübungen, Schattenboxen und Formen der visuellen Bewegungskorrektur. Hierbei verweist einer der beiden griechischen Trainer auf das rotfigurige Vasengemälde des sog. Diskuswerfers des Myron als Leitbild für den trainierenden Fünfkämpfer (Uderzo & Goscinny, 1972, S. 31). Unhistorisch sind natürlich die mit grünen Shorts bekleideten römischen und die mit kurzen weißen Faltenröckchen trainierenden und wettkämpfenden griechischen Athleten. Denn seit den Olympischen Spielen von 720 v. Chr. wurden die Laufagone und seit etwa Mitte des 5. Jahrhundert v. Chr. auch die schwerathletischen Agone nackt (gymnos) ausgetragen. Für diese griechische Besonderheit, die gerade bei Römern im 1. Jahrhundert v. Chr. auf Ablehnung stieß, werden unterschiedliche Gründe angeführt. Sinn verweist unter Anlehnung an den griechischen Historiker Thukydides aus dem 5. Jahrhundert v. Chr. auf den Einfluss der Spartaner, die sich bereits im 7. Jahrhundert v. Chr. bei Training und Wettkampf entblößten und diese Sitte auch den anderen Griechen aufdrängten (Sinn, 2004, S. 138). Ebert (1980, S. 12 f.) zieht religiös-kultische Gründe für die Nacktheit der Athleten heran, da der Stadionlauf aus einem fruchtbarkeitsorientierten Hochzeitslauf in Anbindung an den späteren Demeterkult entstanden sei. Nach Swaddling ist der Stolz der griechischen Athleten auf ihre in langen Jahren trainierten, muskelbepackten und sonnengebräunten Körper der Grund für ihre öffentlich zur Schau getragene Nacktheit. Dieser Stolz kommt in den Worten des römischen Dichters Publius Papinius Statius (Thebais 6, 570–574) Ende des 1. Jahrhundert n. Chr. zum Ausdruck, mit denen er einen griechischen Wettkämpfer bei den Leichenspielen für den gefallenen Helden Opheltes beschreibt:

> „Seine Glieder strahlten hervor, die ganze Anmut seines Leibes enthüllte sich, die herrlichen Schultern, seine Brust, so glatt wie die bartlosen Wangen; die Schönheit des Körpers überstrahlte das Antlitz. Doch will er selbst vom Lob seiner Schönheit nichts wissen und weist Bewunderer ab."

Denn gerade diese im Prozess einer ‚zivilisierenden' griechischen Erziehung (*Paideia*) antrainierte Körperlichkeit unterschied die Griechen von der körperlichen Verfassung der in ihren Augen missachteten Barbaren, „die lieber vollständig bekleidet blieben" (Swaddling, 2004, S. 97). Vor dieser Deutung Swaddlings erscheint auch der Trainingslauf von Asterix, der im Gegensatz zu seinen griechischen Konkurrenten in vollständiger Alltagskleidung stattfindet, als historisch authentisch.

Während der Druide Miraculix im Asterix-Band als fachfremder Laientrainer agiert, kümmerten sich in der Zeit der römischen Antike eine Vielzahl professioneller Fachleute um die Leistungsfähigkeit spezialisierter griechischer Berufsathleten, die in besonderen Internaten trainiert wurden. Vasenbilder zeigen muskelbepackte schwergewichtige Boxer mit riesigen Schultern, muskulöse Ringer mit tiefem Körperschwerpunkt und langen Armen, vielseitig muskulär entwickelte Pentathleten, langbeinige Stadionläufer mit muskulösen Oberschenkeln und leichtgewichtige kleine Jockeys (Ebert, 1980, S. 121 f.). Gymnasiarchen aus der gesellschaftlichen Oberschicht fungierten als Leiter der Erziehungsstätten der griechischen Jugend und spezieller Trainingsinternate für Berufsathleten. Ärzte und Gymnasten mit medizinischem Hintergrundwissen betreuten die systematische Ausbildung der Athleten. Paidotriben, häufig ehemalige Spitzenathleten, übernahmen die sportartspezifische Trainingspraxis. Hygieniker und Diätetiker betreuten die Lebensführung und das Ernährungsverhalten der Sportler. Die im Asterix-Band erwähnten Alipten oder Aleipten dienten eher als Hilfstrainer und waren für das Einölen, die Massage und die Hygiene der Athleten zuständig (Jüthner, 1965, S. 161–191; Ebert, 1980, S. 150–152; Repschläger, 1983, S. 22–24).

Zu den säkularen Sporteinrichtungen Olympias gehörten nicht nur die angesprochenen Wettkampfstätten, das Stadion und das Hippodrom, sondern auch die in hunderten von griechischen Poleis zum städtischen Inventar gehörenden Erziehungs- und Trainingsstätten, das Gymnasion und die Palästra (Jüthner 1965, S. 157–161). Marrou (1977, S. 247–256) verweist hierbei allerdings darauf, dass die Terminologie mit Blick auf deren Nutzung uneinheitlich war. Sowohl Gymnasion als auch Palästra konnten die geistige und leibliche Erziehungs- und Trainingsstätte als Ganzes bezeichnen. Allerdings war der Begriff Palästra häufiger speziell den schwerathletischen und der Begriff Gymnasion eher den leichtathletischen Anlagen vorbehalten. In unserem Asterix-Band finden sich ebenfalls beide Sportstätten: die Palästra in der Überblicksdarstellung Olympias, die Innenräume der Palästra als Trainingsstätte der griechischen Athleten und das Gymnasion als Trainingsstätte der römischen Athleten (Uderzo & Goscinny, 1972, S. 28, 31). Hierbei ist die Funktionszuweisung der beiden Trainingsstätten nicht vollständig gelungen, denn Pausanias (Graeciae descriptio VI 21, 2) schreibt hierzu:

> „Im Gymnasion in Olympia finden für die Fünfkämpfer und Läufer die Übungen statt."

Dagegen war die quadratische kleinere Palästra nach Pausanias (Graecia descriptio VI 23, 4) den Schwerathleten vorbehalten.

> „Es gibt auch einen anderen, kleineren Bezirk eines Gymnasions [Palästra], der neben dem größeren liegt und »der Viereckige« nach seiner Form heißt. Hier sind Ringplätze für die Athleten eingerichtet, und hier stellen sie die Athleten zusammen, nicht mehr zum Ringen, sondern zum Schlagen mit den weicheren Riemen."

Im Asterix-Band finden sich dagegen in beiden Räumlichkeiten sowohl schwer- als auch leichtathletische Sportler bei ihrem Training. Gerade die Wurfübungen der Pentathleten mit Diskus und Speer fanden im freien Innenraum des 220 m langen und 120 m breiten Gymnasions aus dem 2. Jahrhundert v. Chr. statt (Herrmann, 1972, S. 178 f.). An der westlichen Längsseite des Gebäudes befanden sich überdachte Räumlichkeiten für die Athleten, auf der östlichen Längsseite ermöglichten es die Ausmaße der Anlage, einen vollständigen Stadionlauf über 192 m selbst bei schlechtem Wetter in einem überdachten Säulengang zu absolvieren.

Die quadratische Palästra in Olympia aus dem 3. Jh. v. Chr. war ein Multifunktionsgebäude mit quadratischem Grundriss von etwa 66 x 66 m (s. Abb. 6), wie es der römische Architekt Vitruv um die Zeitenwende in seinem Standardwerk über die antike Architektur ausführlich beschrieben und mit einer aufschlussreichen Skizze versehen hat (Vitruv, De architectura 11, 1–4). Ausgehend von Vitruvs Erläuterungen, werden die architektonischen Strukturen der komplexen Anlage in Olympia verständlich. Die Palästra in Olympia diente vor allem als Übungsstätte für den Ringkampf (Pale), den Faustkampf (Pygme) und den Allkampf (Pankration), aber auch für den Weitsprung (Halma) im Rahmen des Pentathlons. Trainiert wurde im freien Innenraum, der mit Tonplatten ausgelegt war. Die Trainingsfläche war an allen vier Seiten von einem Säulengang umgeben, an den

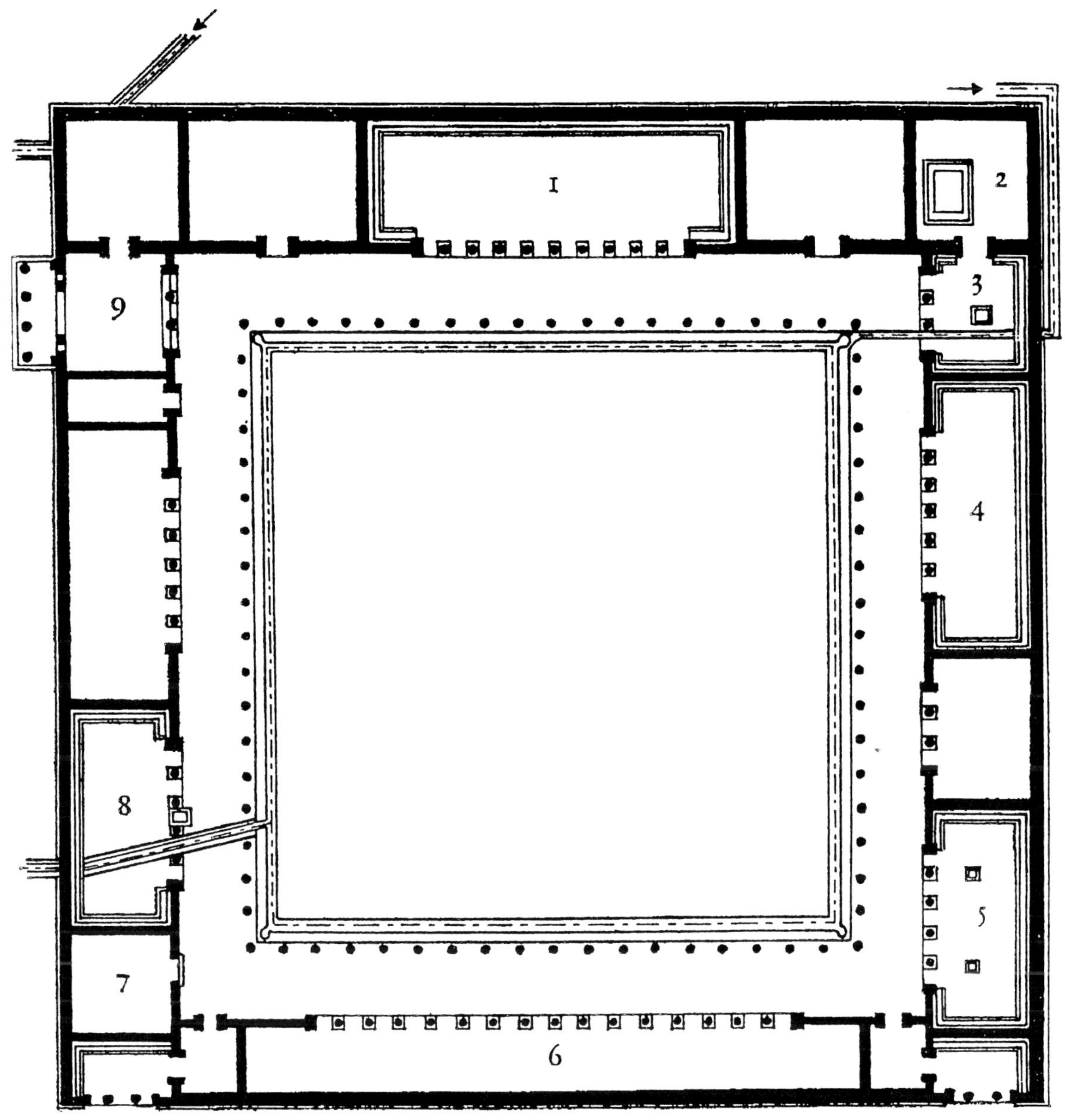

Abb. 6: Risszeichnung der Palästra in Olympia (nach Decker, 2012, S. 201)

sich Räumlichkeiten für die Athleten und Trainer, Umkleiden, Räume zum Einölen, Vortragsräume und Räume für Trainingsgeräte befanden. Zudem gab es den Luxus einer überdachten Halle für das Schlechtwetter-Training, wie sie durchaus auch der im Asterix-Band gezeigten Örtlichkeit der trainierenden Griechen entspricht.

Der sportlich-körperlichen Regeneration dienten in Vitruvs Palästra Ruhe- und Waschräume, Kalt- und Warmbäder sowie sog. Schwitzräume (Vitruv, De architectura 11, 2), wie sie auch heute den Sportprofis in ihren Trainingsanlagen zur Verfügung stehen. In Olympia gab es seit klassischer griechischer Zeit kleinere Sitz- und Schwimmbäder und seit römischer Zeit immer aufwendigere Badeanlagen, die allerdings außerhalb der Palästra an verschiedenen Orten Olympias untergebracht waren (Herrmann, 1972, S. 179, 189 f.).

Nach Vitruv (De architectura, 11, 2) gab es in jeder griechischen Palästra Vortrags- und Unterrichtsräume, wie sie auch in Olympia in Palästra und Gymnasion nachgewiesen werden konnten. Philosophen und Rhetoren hielten im großen Innenhof der Palästra und den umgebenden Hörsälen ihre Vorträge. Die Sitzgelegenheiten in den Säulenhallen boten Gesprächsgelegenheiten, die der geistigen Schulung der Athleten dienten (Sinn, 2004, S. 172 f.). In ganz Griechenland bekannte Philosophen wie Epiktet, Sophisten wie Georgias von Leontinoi oder Hippias von Elis, Rhetoren wie Lysias und Isokrates von Athen, Herodot, der Vater der Geschichtsschreibung, erfolgreiche Feldherren wie Themistokles nach seinem Seesieg über die Perser, Dichter von Siegesliedern (Epinikien) wie Simonides oder Pindar u. v. a. traten in Olympia auf, hielten Ansprachen und Vorträge. Olympia war nicht nur der Ort, an dem die Poleis sportlich miteinander konkurrierten und sich notfalls Olympioniken mit Bestechungsgeldern abwarben, sondern es war auch der Ort, an dem sich die Griechen ihrer panhellenischen kulturellen Identität bewusst wurden: ihrer gemeinsamen Götter, ihres gemeinsamen sportlich-agonalen Wettkampfstrebens, ihrer gemeinsamen Sprache und ihrer hellenischen Erziehung (*Paideia*) (Ebert, 1980, S. 80 f., 89–92, 102–105).

Nach dem Einzug in das olympische Altisgelände stoßen unsere gallischen Athleten eher zufällig auf die im Gymnasion trainierenden römischen Konkurrenten (Uderzo & Goscinny, 1972, S. 31). Hierbei fällt die Auseinandersetzung des zaubertrankgestärkten Asterix mit dem „für alle Kampfarten gemeldeten" Legionär Schlagdraufundschluß eher demoralisierend für die Elite der römischen Schwerathleten aus (Uderzo & Goscinny, 1972, S. 30 f.). Als Folge davon lässt die Trainingsdisziplin der Römer schlagartig nach. Sie vertreiben sich nun die Zeit beim beliebten Würfelspiel, bei Wein und Gesang oder wenden sich, wie Legionär Musculus, erneut dem Reisigbesen zu.

Verwundert beobachten zwei olympische Verwaltungsbeamte das Treiben der Römer, die sich bei ihren Mahlzeiten an lukullischen Köstlichkeiten erfreuen (Uderzo & Goscinny, 1972, S. 31). Stolz verweisen die beiden Griechen hierbei auf ihre eigenen Athleten, die (angeblich) tugendhaft ihre leistungssteigernde Diät mit Feigen, Oliven, rohem Fleisch und Wasser einhalten. Das Verhalten der Römer sorgt allerdings rasch für Aufruhr unter den Griechen, angeführt von den spartanischen Athleten. Demonstrationsartige Proteste mit der ultimativen Forderung nach Fleischspießchen, gebratenen Ochsen und Wein sind die Folge (Uderzo & Goscinny, 1972, S. 32).

Lange Zeit hatten die Römer, ursprünglich ein genügsames Volk von Bauern und Landbesitzern, die von ihnen als *Graeculi* verspotteten Griechen als dekadent und überzivilisiert betrachtet (Scholz, 2011, S. 127 f.). Allerdings verbreiteten sich seit der späten Römischen Republik Luxus und ausufernde Lebensweise auch unter der römischen Oberschicht, worauf die besprochene Szene im Asterix-Band zweifellos anspielt. Der Name des 56 v. Chr. verstorbenen römischen Feldherren und Senators Lucius Licinius Lucullus, sein sprichwörtlicher Reichtum und seine üppigen Gastmähler stehen beispielhaft für diese Entwicklung, die im Asterix-Band der bekannten spartanischen Genügsamkeit gegenübergestellt werden.

In Griechenland hatte sich seit dem 5. Jahrhundert v. Chr. eine systematische Ernährungslehre, Diätetik, entwickelt, die einer gesunden Lebensführung, aber auch zur Steigerung sportlicher Spitzenleistungen dienen sollte (Finley & Pleket, 1976, S. 155 f.; Ebert, 1980, S. 118 f.; Swaddling, 2004, S. 70 f.). Solche Lehren umfassten Anweisungen zum Umfang des Schlafes und der Ruhepausen, Hinweise zur Gestaltung des Sexuallebens, die Anwendung von Bädern und Massagen und disziplinspezifische Ernährungsvorschriften. Die wirkungsmächtigsten Vertreter der Diätetik waren der Arzt und ehemalige Paidotribe Herodikos von Selymbria, in seiner Nachfolge Hippokrates von Kos und später im 2 Jahrhundert n. Chr. Galenos von Pergamon. Während die hippokratische Diätetik von einer ausgewogenen und maßvollen Ernährung und Lebensweise der Athleten ausging, Obst, Gemüse, Fisch und bestimmte Kräuter bevorzugte (Eckart,1998, S. 57 f.), vertraten andere Diätetiker wie Pythagoras von Kroton eine spezielle Fleischdiät. Der Ringer Milon von Kroton war ein regelrechter Vielfraß, verschlang täglich mehrere Kilo Fleisch und wurde allein in Olympia sechsfacher Sieger. Es gab aber auch Feigen- oder Käsediäten, wobei Käse wiederum von Hippokrates als ungesundes Nahrungsmittel eingeschätzt wurde. Die verschiedenen Lehren basierten auf Erfahrungswissen und Selbstversuchen, enthielten aber auch metaphysische und kosmologische Elemente und widersprachen sich teilweise diametral. Wissenschaftlich belegt waren die verschiedenen Lehren nach unseren heutigen Maßstäben nicht. Dass griechische Athleten, wie im Asterix-Band dargestellt, spartanisch fasteten und römische Athleten dagegen zum Frönen neigten, kann nicht generell bestätigt werden, thematisiert allerdings einen bedeutsamen Aspekt griechischer Trainingsgestaltung.

Auf jeden Fall zieht in der vorliegenden Szene der Fleischgeruch der römischen Köstlichkeiten in die Nasen der Diät haltenden griechischen Superathleten. Dies ist, räumlich gesehen, durchaus plausibel, denn die verschiedenen Athletengruppen wohnten und aßen gemeinsam im Gebäudekomplex des Gymnasions, wie Pausanias (Graecia descriptio VI 21, 2) berichtet:

> „An die Wand der gegen die aufgehende Sonne gerichteten Säulenhalle des Gymnasions angebaut liegen die Wohnungen der Athleten, gegen Westen und Sonnenuntergang gerichtet."

Im Folgenden eskaliert die Situation zwischen dem blau gewandeten olympischen Verwaltungsbeamten und den griechischen Athleten. Es drohen Gewalttätigkeiten und sogar ein olympischer Streik, so dass sich einer der Amtsinhaber schnurstracks zum höchsten Entscheidungsgremium Olympias aufmacht, um dem im Buleuterion tagenden Olympischen Rat Bericht zu erstatten (Uderzo & Goscinny, 1972, S. 32).

Der Fortgang der Heiligen Spiele ist in Gefahr, und eiligst versammeln sich die altehrwürdigen Entscheidungsträger zu Füßen der furchterregenden Statue des Zeus Horkios, vor der die Athleten und Trainer zu Beginn der Spiele ihren berühmten Eid ablegen, die olympischen Regeln nicht zu brechen. Nach aufgewühlter Diskussion beschließt der Olympische Rat einen der Ihren zu den römischen Barbaren zu schicken, um diese von ihrem desaströsen Ess- und Trainingsverhalten abzubringen und den Streik der griechischen Athleten abzuwenden (Uderzo & Goscinny, 1972, S. 32).

Bei der Unterkunft der feiernden und trinkenden Römer angelangt, ermahnt der olympische Magistrat Kontrabas mit Blick auf den übermäßigen Weinkonsum der Anwesenden, dass die olympischen Gesetze „das Einnehmen jeglicher kraftfördernder Mittel" bei Disqualifikation verbieten (Uderzo & Goscinny, 1972, S. 33). Den Wein auf diese Aussage hin vor Freude ausprustend, führt Zenturio Redeflus den olympischen Magistrat schnurstracks zum gallischen Olympiateam.

Nach dieser Wendung nehmen die Römer ihr Training wieder ernsthaft auf, da sie ihre Chancen auf einen olympischen Sieg erneut in greifbarer Nähe sehen. Und auch die bislang siegessichere gallische Delegation muss ihre Wettkampftaktik überdenken und einigt sich darauf, den ungedopten Asterix auch ohne Zaubertrank für den olympischen Laufwettbewerb anzumelden und zu trainieren.

Angesichts dieser dramatischen sportlichen Entwicklung im Asterix-Band gilt es historisch zu überprüfen, was es denn mit möglichen Dopingmitteln und Dopingverboten bei Olympischen Spielen in der Antike auf sich hatte. Um dies zu klären, müssen wir uns zunächst den bei Pausanias überlieferten Wortlaut des olympischen Eides ansehen, den Athleten, Betreuer und Kampfrichter im Buleuterion abzulegen hatten. Bei Pausanias (Graecia descriptio V 24, 9–11) heißt es:

> „Die Zeusstatue im Buleuterion, die von allen Zeusstatuen ganz besonders zur Abschreckung von Bösewichtern geschaffen ist, hat den Beinamen Horkios

> (»Schwurgott«) und hält in jeder Hand einen Blitz. Bei ihr müssen die Athleten und ihre Väter und Brüder und auch die Lehrer über einem Eberopfer schwören, daß sie sich keinen Verstoß gegen die olympischen Wettkämpfe zuschulden kommen lassen werden. Die Athleten leisten dazu noch folgenden Schwur, daß sie sich insgesamt zehn Monate nacheinander der sorgfältigsten Übung hingegeben hätten. Es schwören auch diejenigen, die die Knaben und bei den Pferderennen die Fohlen zu beurteilen haben, daß sie ihr Urteil nach Recht und ohne Geschenke abgeben und das, was sich auf Zulassung oder nicht bezieht, geheimhalten werden [...] Vor den Füßen des Horkios ist eine Bronzetafel, und darauf stehen Verse, die den Meineidigen Furcht einflößen wollen."

Der Eid umfasste das regelgerechte Wettkampfverhalten der Athleten, deren Verpflichtung zur professionellen Trainingsvorbereitung und ebenso die Zusicherung der Hellanodiken als Kampfrichter jeglichen Bestechungsversuchen zu widerstehen. Der Begriff des Dopings im Sinne einer unlauteren und künstlichen Leistungssteigerung durch verbotene Substanzen oder Methoden taucht weder terminologisch noch inhaltlich im antiken olympischen Eid auf. Auch ist eine Bestrafung eines Athleten wegen Dopings aus der Antike nicht bekannt. Insofern sind die Vorgänge im Asterix-Band um die mit Zaubertrank gedopten römischen Athleten und deren Disqualifikation eine unhistorische Verfremdung.

Griechische Athleten setzten alle ihnen bekannten Trainingsformen, physischen, psychologischen und sogar magischen Mittel ein, um sich selber einen Vorteil oder dem Gegner einen Nachteil zu verschaffen. Philostratos (De arte gymnastica 53, 291) empfahl mentales Training zur Stärkung von Mut und Selbstvertrauen. Athleten aßen zermahlenen Stierhoden, um die Kraft des männlichen Stiers in sich aufzunehmen. Sie nahmen gezielt Nahrungs- und Nahrungsergänzungsmittel zu sich, um die Muskelbildung zu fördern oder Abführmittel, um ihre Kondition zu stärken. Ärzte verordneten (angeblich) leistungssteigernde Einspritzungen, Heiltränke und Kräuterpflaster (Ebert, 1980, S. 120, 122) oder Alkohol, Asche und andere Mittel, die unempfindlich gegen Schmerzen bei Training und Wettkampf machen sollten (Rütte, 2008, S. 310). Und bereits bei Homer finden sich Kräuter zur Stimmungs- und Verhaltensveränderung auf Grundlage pharmakologischer Kenntnisse (Swaddling, 2004, S. 73 f.). In Olympia und bei andern Sportfesten wurde zudem eine Vielzahl von Amuletten von Athleten oder deren Anhängern gefunden, die entweder der magischen Steigerung der eigenen Leistungsfähigkeit dienen oder aber als Verwünschungs- und Fluchtafeln den Erfolg eines Konkurrenten verhindern sollten (Tremel, 2004; Decker, 2012, S. 128–130). Die Fluchtafel, lateinisch Defixion, „gehört als Bindezauber zur sympathetischen Schadenmagie [...] Das Motiv der Defixion ist unsittlich, da sie aus Haß und Neid gegen mißliebige und gefürchtete Personen angewendet wird, um sie auf bestimmte Zeit geistig oder körperlich zu schädigen" (Preisendanz, 1972, S. 1 f.). Auf einer dieser, aus religiös-kultischen Gründen verbotenen Fluchtafeln heißt es zum Schaden eines gegnerischen Ringers (zit. in Decker, 2012, S. 129):

> „Mächtiger BETPYT, ich übergebe dir Eutychianos, den Eutychia geboren hat, damit Du ihn und seine Absicht erstarren läßt und in deiner dunklen Luft auch die, die mit ihm sind [...] Wenn er aber doch ringt, soll er zu Fall kommen und sich selbst schänden [...]."

Festzuhalten bleibt, dass antike Athleten im Rahmen der begrenzten sportmedizinischen Möglichkeiten der damaligen Zeit bereit waren, ‚alles' zu tun, um ihre Leistungsfähigkeit zu stärken. Aber Doping in unserem heutigen Sinn hat weder als Begriff noch als Tatbestand einer negativ bewerteten und zu bestrafenden Verhaltensweise im Denken der alten Griechen eine Rolle gespielt. Somit ist die im Asterix-Band aufgezeigte sportpolitische Brisanz des gallischen Zaubertranks eine unhistorische Erzählung, mit der Uderzo & Goscinny eher auf den zeitgenössischen Dopingkontext der modernen Olympischen Spiele verweisen wollen. Im antiken olympischen Reglement gab es weder Dopingverbote noch Dopingkontrollen.

3.7 Die Darstellung der sportlichen Wettkämpfe in Olympia

Wenden wir uns nun den antiken olympischen Sportwettkämpfen in der Darstellung des Asterix-Bandes zu. Auffällig ist, dass gerade die Eröffnung der Veranstaltung und die abgebildeten Siegerehrungen im Sinne einer Hommage an die modernen Olympischen Spiele unhistorisch verfremdet werden. Entgegen der Zeichnung Goscinnys (Uderzo & Goscinny, 1972, S. 38) gab es im Stadion von Olympia keine festen steinernen Zuschauertribünen oder gar Transparente von anfeuernden Städten oder Landsmannschaften („GALLIEN VOR!"). Und auch der Olympische Eid wurde nicht vor dem Beginn der Wettkämpfe durch einen einzelnen Athleten vor einem öffentlich entzündeten olympischen Feuer gesprochen, wie es Uderzo & Goscinny in Anlehnung an moderne Gepflogenheiten darstellen (Uderzo & Goscinny, 1972, S. 38). Der antike Eid wurde von allen Athleten, Trainern und Kampfrichtern im Inneren des Buleuterions abgelegt, nach Ankunft der aus Elis eintreffenden Olympiateilnehmer zu Beginn des fünftägigen olympischen Festes.

Auch einen „Einmarsch der Nationen“ in das Olympiastadion hat es bei einer antiken Eröffnungsfeier, wie sie im Comic dargestellt ist, nie gegeben (Uderzo & Goscinny, 1972, S. 38). Es gab keine organisierten Polismannschaften der Thermopylen, aus Kythera, Marathon, Rhodos, Sparta, Rom oder Gallien. Die Meldung zu den Wettkämpfen bei den eleischen Behörden und die Wettkampfteilnahme in Olympia waren die individuelle Angelegenheit eines jeden einzelnen Athleten (Finley & Pleket, 1976, S. 113; Ebert, 1980, S. 73). Richtig allerdings ist, dass der Sieg eines Athleten auch dessen Vaterstadt höchsten Ruhm einbrachte, denn bei der Siegerehrung wurden der Name des Athleten, der Familienname und der Name seiner Heimatstadt ausgerufen. Bei Philostratos (De arte gymnastica 12, 267) heißt es:

> „Die 23. Olympiade rief bereits die Männer zum Faustkampf, und als bester Faustkämpfer siegte der Smyrniote Onomastos und verknüpfte so Smyrnas Namen mit einer herrlichen Tat. Denn alle Städte Ioniens und Lydiens, alle am Hellespont und in Phrygien und alle Volksstämme, die in Asien leben, sie allesamt überflügelte Smyrna mit einem Schlage und erlangte zuerst den olympischen Siegeskranz.“

Startvorgang und Startsignal des abgebildeten Laufwettbewerbes (Uderzo & Goscinny, 1972, S. 39) entsprechen nur teilweise den historischen Gegebenheiten. Abgesehen davon, dass die Athleten zu den Wettkämpfen damals nackt angetreten sind, haben die antiken Athleten keinen Tiefstart aus der Hocke ausgeführt.

Bei großen Teilnehmerfeldern wie in Olympia wurden zunächst die Vorläufe ausgelost, so dass nur die Besten das Finale erreichten. Am Start wärmten sich die Läufer zunächst physisch und mental auf, ähnlich wie es auch die Athleten heute tun. Der römische Dichter Publius Papinius Statius (Thebais 6, 587–595) beschreibt Ende des 1 Jahrhundert n. Chr. die Startvorbereitung und den Start der Läufer in modern anmutender Form:

> „Dann erproben sie nach der Regel rasche Schritte, spurten los und spornen die schlaffen Glieder klug schüttelnd mit mancherlei Künsten. Bald gehen sie in die Hocke, schlagen nun klatschend die schlüpfrige Brust, nun starten sie feurig und enden den kurzen Lauf mit plötzlichem Abbruch. Als die Latte [der Startvorrichtung] fiel und die gerade Startschwelle freigab, stürmten sie flink durch die Bahn; die nackte Schar glänzte auf dem Feld.“

Zum Start standen die Läufer in aufrechter, etwas vorgebeugter Haltung mit nach vorne gestreckten Armen, in leichter Schrittstellung, wobei sich die Fußzehen zum Abdruck fest in die beiden Furchen der steinernen Startschwelle (Aphesis) krallten. Der für den Lauf zuständige Hellanodike, in der Regel in einen purpurfarbenen und nicht blauen Chiton wie im Asterix-Band gekleidet, gab das Startzeichen. Als Startsignal fungierte aber nicht die Anrufung des Hirtengottes Pan, wie Uderzo schreibt, sondern der Trompetenstoß eines olympischen Herolds oder der Ausruf Alipte („los“). Um einen Frühstart und auch Rempeleien beim Start zu verhindern, gab es eine komplexe Startvorrichtung mit hölzernen Pfosten und Halteseilen, die von einem Helfer mit dem Startsignal gleichzeitig gelöst wurden. Passierte dennoch ein Frühstart, so drohten dem Verursacher Peitschenhiebe der Alyten, der Helfer der Hellanodiken (Jüthner, 1968, S. 58, 69–75, 86–112).

Es gab den Stadionlauf (Dromos) über 192 m, den Doppellauf (Diaulos) über 384 m und den Langlauf (Dolichos) über 20 Stadien, 3.800 m, den auch Asterix und seine griechischen und römischen Konkurrenten bestreiten. Beim Langlauf ging es um Ausdauer, aber auch um Schnelligkeit im Schlussssprint und akrobatische Geschicklichkeit bei der engen Umrundung des am Ende der Laufbahn aufgestellten Markierungsstabes. Auf griechischen Vasenbildern kann man die unterschiedlichen Laufstile der muskulösen Sprinter mit ihrem energischen und kraftvollen Arm- und Beinschwung (s. Abb. 7) wie der feingliedrigeren Langläufer mit ihrem kleinamplitudigen Arm- und Beinschwung (s. Abb. 8) gut erkennen.

Die im Asterix-Band abgebildete Laufhaltung mit aktivem, maximalem Armzug (Uderzo & Goscinny, 1972, S. 39) deutet darauf hin, dass es sich um den Zielspurt der Langläufer auf ihrer letzten Bahn handelt (Jüthner, 1968, S. 86–112; Swaddling, 2004, S. 94–97; Sinn, 2004, S. 143–145).

Im olympischen Programm des Comics folgen nun die schwerathletischen Wettkämpfe, wobei die Szenen aus dem Faustkampf und dem Pankration historisch sachgerecht gezeigt werden (Uderzo & Goscinny, 1972, S. 40). Zunächst trifft ein furchtbarer Schwinger des Schwertathleten Walros, Koloß von Rhodos, den Römer Schlagdraufundschluß, dem es zwar die Hose auszieht, aber dennoch gelingt, auf den Beinen zu bleiben.

Beide Kämpfer tragen lederne Faustriemen (Himantes), die allerdings eher dem Schutz der schlagenden Faust als, wie bei heutigen Boxhandschuhen, der Dämpfung des Schlages dienten. Die scharfkantigen Riemen konnten gerade am Kopf schwere Verletzungen bis hin zu Todesfällen, blutende Wunden und zerschlagene Ohren verursachen (Philostratos, De arte gymnastica 10, 265), so dass der Faustkampf als die gefährlichste der schwerathletischen Disziplinen galt. In der Ilias des Homer (XXIII 672–676) ist ein solcher Faustkampf anlässlich der Leichenspiele zu Ehren des von Hektor getöteten griechischen Helden Patroklos realitätsnah beschrieben:

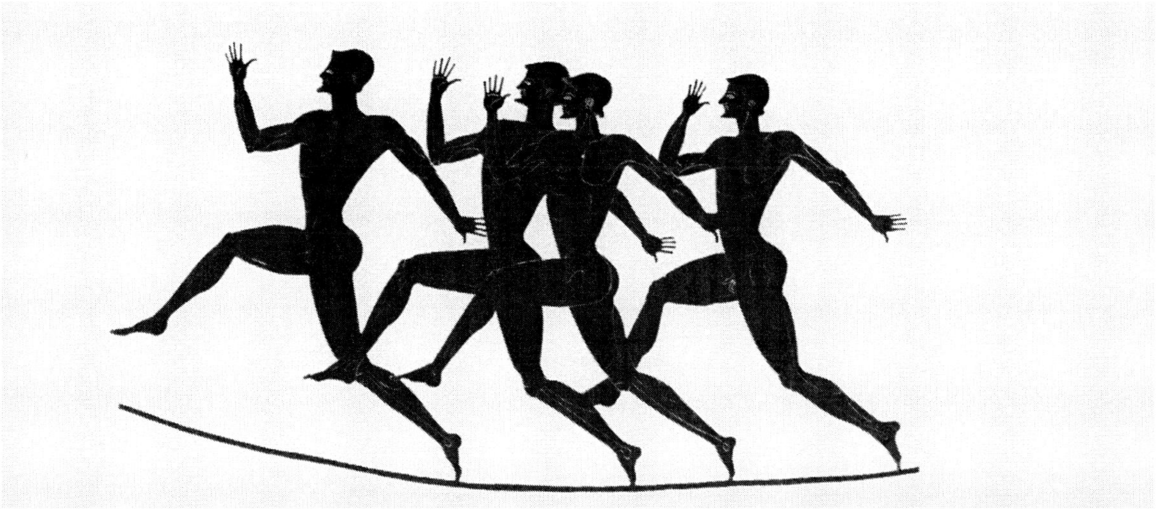

Abb. 7: Ein-Stadion-Läufer (nach Decker, 2012, S. 173)

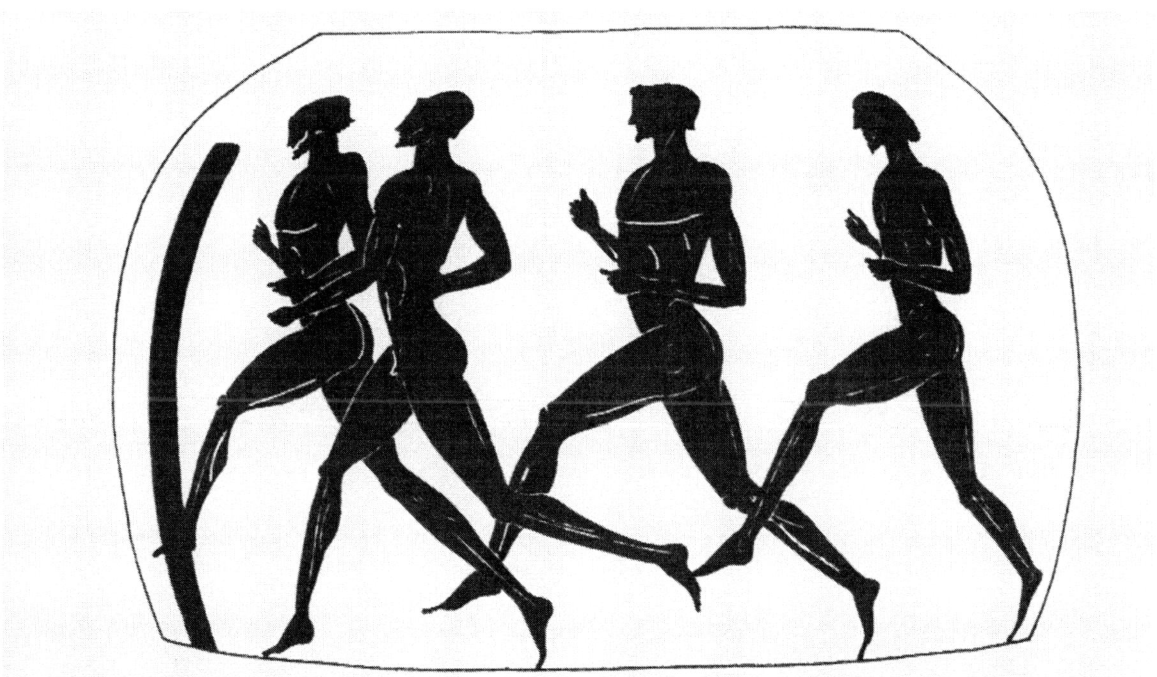

Abb. 8: Langläufer (nach Decker, 2012, S. 174)

„Das aber sag´ ich voraus, und sicherlich wird es vollendet:
Gänzlich zerschlag´ ich den Feind und hau´ ihm die Knochen zusammen!
Mögen die Leichenbesorger versammelt am Platze nur bleiben,
Wegzuschaffen den Mann, sobald meine Faust ihn bezwungen.
Also sprach er, und alle im Kreis verstummten in Schweigen.
Nur Euryalos trat ihm entgegen, der göttliche Recke."

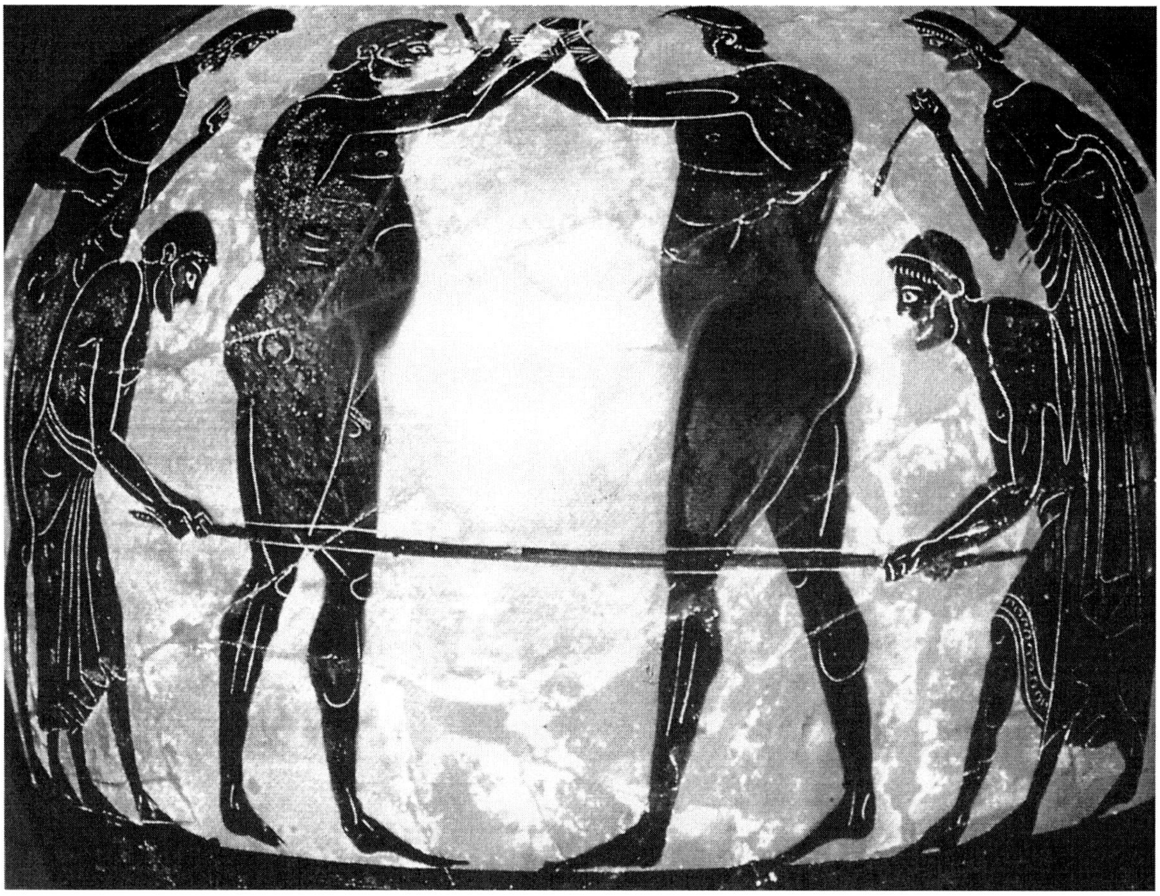

Abb. 9: Muskelbepackte Boxkämpfer mit Schlagriemen zu Beginn des blutigen Kampfes (nach Decker, 2012, S. 178)

Beim Kampf wurde ohne Zeitnahme und Pausen geboxt, bis ein Athlet aufgab oder kampfunfähig war (Poliakoff, 1989, S. 97–122; Sinn, 2004, S. 147–152). Auch die Statur der beiden Kämpfer Walros und Schlagdraufundschluß mit ihren muskelbepackten gewaltigen Körpern entspricht den historischen Abbildungen von Faustkämpfern auf antiken Vasen (s. Abb. 9). Da es keine Gewichts-, sondern nur Altersklassen gab, bestimmten austrainierte und mit Spezialdiäten aufgepeppte Schwergewichte das antike olympische Geschehen unter den anfeuernden Zurufen eines fanatisierten Publikums.

Nach dem Knock Out des römischen Faustkämpfers wendet sich der unbesiegbare Koloß von Rhodos, diesmal im Pankration, seinem nächsten unglücklichen Widersacher zu. Dem Äußeren nach ist es ein Grieche, der mit einem dreifachen „Hua" von Walros förmlich in den Boden gestampft wird, eine Kampftechnik, die durchaus den Regeln des Pankration entsprach.

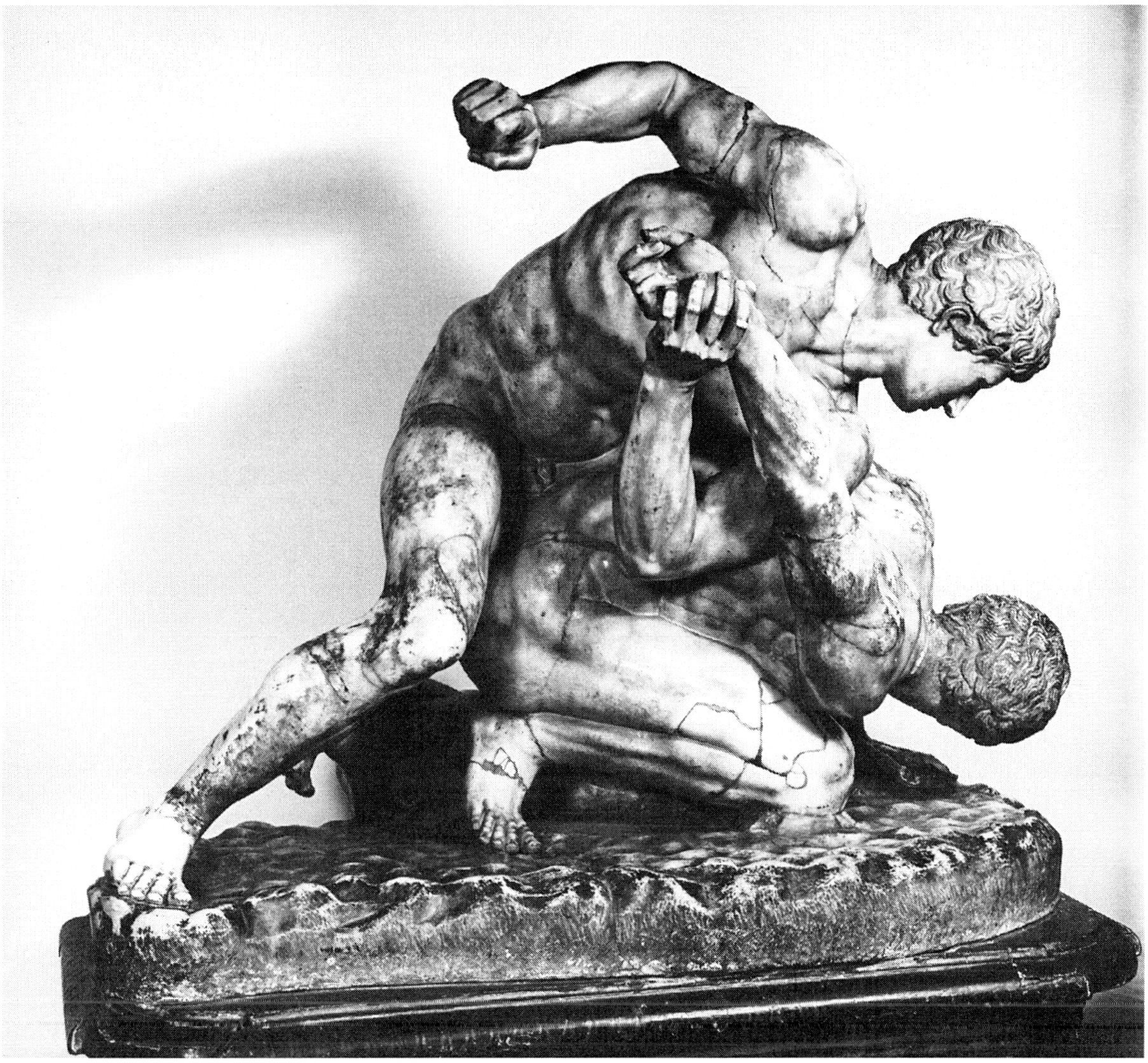

Abb. 10: Pankratiasten im Bodenkampf, 3. Jh. v. Chr. (nach Decker, 2012, S. 179)

In einem Standardwerk zur Gymnastik und Agonistik aus der Feder von Philostratos um 200 n. Chr. heißt es (zit. nach Swaddling, 2004, S. 119):

> „Pankratiasten […] müssen rückwärtige Fallwürfe ansetzen, die für den Ringer nicht gefahrlos sind […]. Sie müssen verschiedene Methoden des Strangulierens beherrschen. Sie greifen auch nach dem Knöchel eines Gegners und drehen ihm den Arm um, außerdem schlagen sie ihn und springen auf seinen Körper. Alle diese Praktiken gehören zum Pankration, nur Beißen und Bohren [in den Körperöffnungen des Gegners] sind ausgenommen."

Der Kampf begann in der Regel als Faustkampf im Stehen, bis sich die Gegner an den Händen fixierten und dem Kontrahenten die Finger zu brechen versuchten. Mit ausgefeilten Hebetechniken brachten sich die Athleten dann häufig zu Fall, ehe der Kampf mit Hebel- und Würgegriffen am Boden entschieden wurde, indem einer der Athleten zur Aufgabe gezwungen wurde (s. Abb. 10). Das Pankration war eine Verbindung von Faust- und Ringkampf mit starken, aber technisch versierten, schnellen und beweglichen Gegnern. Das Pankration galt nicht als die brutalste und kraftvollste der drei Kampfportarten, da die kräftezehrende Dauer der Ringkämpfe, aber auch die verletzungsträchtigen Boxhiebe mit den scharfkantigen Lederriemen entfielen. Es waren schnelle und dramatische Wettkämpfe, die bei den Preisagonen seit hellenistischer Zeit die höchsten Siegprämien einbrachten (Ebert, 1980, S. 57–59; Poliakoff, 1989, S. 80–91; Swaddling, 2004, S. 119–122).

Und auch die im Asterix-Band eingeflochtene Familiengeschichte des Superkämpfers Walros aus Rhodos und seines stärkeren Bruders, der aufgrund einer Ohrfeige seiner „Mama" nicht an den Kämpfen teilnehmen kann, hat einen etwas verfremdeten, aber durchaus realen historischen Hintergrund. Der historische Schwerathlet Diagoras aus Rhodos war 464 v. Chr. Olympiasieger im Faustkampf geworden (Olympionike), zudem Seriensieger bei allen vier bedeutenden heiligen Kranzagonen in Olympia, Nemea, Isthmia und Delphi (Periodonike). Er galt als lebende Sportlegende, die in einem der Siegeslieder Pindars in ganz Hellas gepriesen wurde (Pindar Carmina, 7. Olympische Ode, Für Diagoras von Rhodos, Sieger im Faustkampf). Bei den Olympischen Spielen des Jahres 448 v. Chr. erreichten die Emotionen bei Diagoras, bei seiner Familie und bei Tausenden von Zuschauern einen kaum zu überbietenden Höhepunkt. Nachdem Damagetos und Akusilaos, die Söhne des Diagoras, unter den Augen ihres Vaters am gleichen Tag im Pankration und im Faustkampf gesiegt hatten, feierten sie sich nicht selbst, sondern setzten ihrem Vater ihre Siegerzweige auf das Haupt und trugen Diagoras unter dem tosenden Jubel der Massen auf ihren Schultern durch das Heiligtum (Sinn, 2004, S. 180 f.).

Aber auch Kallipateira, die Tochter des Diagoras und Mutter des Peisirodos, ist in die olympische Geschichte eingegangen (Pausanias, Graeciae descriptio V 6, 8):

> „Sie richtete sich, als ihr Mann gestorben war, ganz wie ein Sportlehrer her und brachte ihren Sohn zum Mitkämpfen nach Olympia. Als Peisirodos siegt, übersprang Kallipateira die Umfriedung, in der man die Sportlehrer abgetrennt hielt, und entblößte sich dabei. Obwohl sie nun als Frau ertappt war, ließen sie sie straffrei aus Rücksicht auf ihren Vater und ihre Brüder und ihren Sohn."

Nur der Respekt vor der in drei Generationen erfolgreichen Schwerathletenfamilie des Diagoras rettete Kallipateira vor der Strafe, von dem hohen Felsen des Berges Typaion zu Tode zu stürzen. Seit diesem Vorfall mussten sich auch die Trainer der Athleten zu den Wettkämpfen ihrer Kleidung entblößen (Pausanias, Graeciae descriptio V 6, 8; Philostratos, De arte gymnastica 17, 271; Swaddling, 2004, S. 59 f.). Anzumerken bleibt, dass heutzutage Hunderttausende von Touristen, die jährlich nach Rhodos fliegen, am *Diagoras Airport* den Boden der sehenswerten Insel betreten.

Ist das schwerathletische Kampfgeschehen im Comic weitgehend authentisch abgebildet, so orientieren sich die Darstellungen des Sieges und der Siegerehrung mit dreistufigem Siegerpodest und Preisen für den ersten, zweiten und dritten Sieger (Uderzo & Goscinny, 1972, S. 37, 40, 48) eher an den bekannten Bildern, die der Leser von den modernen Olympischen Spielen kennt.

In der olympischen Antike galt uneingeschränkt der Ausspruch in Homers Ilias, „Immer der Erste zu sein und ausgezeichnet vor anderen" (Ilias VI 208, ebenso XI 784). Es gab kein Siegerpodest für Gold-, Silber- und Bronzemedaillen und keine zweiten und dritten Sieger. Die Athleten beteten vor ihrem Wettkampf um „Kranz oder Tod". Nicht zu siegen, hieß Schande und Spott über sich, seine Familie und seine Heimatstadt zu bringen. Pindar schreibt in einer seiner Pythischen Oden über das traurige Schicksal schwerathletischer Verlierer bei ihrer Rückkehr in ihre Heimatstadt (Pindar Carmina, 8. Pythische Ode, 85–88):

> „Kamen zur Mutter sie, schuf kein liebliches Lachen Lust
> Ringsum; die Gassen entlang, fern den Feinden, ducken sie
> Sich scheu, verwundet von des Unglücks Biß."

Für den Begründer der modernen Olympischen Spiele, Pierre de Coubertin, bestand der eigentliche olympische Sinn darin, im Wettkampf der besten Athleten der Welt das Bestmögliche aus den persönlichen Anlagen herauszuholen und weiterzuentwickeln. Eine solche ‚sportliche' Gesinnung, wie sie Asterix nach seiner Niederlage gegen Griechen und Römer zeigt („Die Spartaner sind gut, und die Römer sind auch ganz schön in Form." Uderzo & Goscinny, 1972, S. 39), war den alten Griechen dagegen vollständig fremd.

Nach der Vorstellung der Griechen stand der siegende Athlet in der Gunst des Göttervaters Zeus, der ihm mit Hilfe der Siegesgöttin Nike zum Sieg verhalf (Olympionike). Durch den unendlichen Ruhm des Sieges wurde der siegende Athlet unsterblich, durfte seine Statue im Heiligen Hain von Olympia in Lebensgröße errichten lassen und wurde damit in die Sphäre des Göttlichen erhoben.

„Denn wenn ein Mann, voll Freude und Müh
Auf sich nehmend, gottverliehne Taten vollbringt,
Hiermit ihm die Gottheit Ruhm pflanzt, höchst ihm erwünschten,
So hat an des Glücks äußersten Grenzen
Er geworfen den Anker schon, göttergeehrt.
(Pindar Carmina, 6. Isthmische Ode, 10–14)

Dennoch war der griechische Olympionike keine unmündige Siegesmarionette in den Händen der Götter. Die Grundlage seines Erfolges waren im Denken der Griechen die persönliche Leistung, der Fleiß, das Training, der Mut und der Schweiß, die der Athlet den olympischen Göttern im Wettkampf opferte.

Die für den Olympioniken so bedeutsame Siegerehrung vollzog sich in mehreren Etappen. Direkt nach Abschluss des Wettkampfes wurde der Athlet im Stadion oder Hippodrom unter dem Jubel der Zuschauer zum Sieger ausgerufen, er erhielt die kultischen Siegessymbole, einen Palmzweig und eine Wollbinde. Bei der offiziellen Siegerehrung vor dem Zeustempel und der versammelten Festgemeinschaft zum Abschluss des fünftägigen Festprogramms wurde der Name des Siegers, seines Vaters und seiner Heimatstadt ausgerufen, denen auf diese Weise höchste Ehre zuteilwurde. Dem Athleten wurde kein geflochtener Siegerkranz, wie häufig falsch dargestellt, sondern ein Zweig vom Heiligen Ölbaum überreicht, was bei der abschließenden Siegerehrung des Asterix richtig gezeigt wird. Zu den Ehrungen der Olympiasieger am letzten Festtag gehörten zudem eine kultische Prozession, das Dankopfer am Aschenaltar des Zeus und ein feierliches Bankett, das die Eleer als Veranstalter der Spiele im Prytaneion für die Olympioniken und die Festgesandten der Städte ausrichteten (Ebert, 1980, S. 76–78.).

Pierre de Coubertin begründete seine Maxime eines rein ideell und erzieherisch ausgerichteten Amateurgedankens unter Ablehnung jeder finanziellen Vergütung sportlicher Leistung mit dem Vorbild des antiken Olympia. Der altsprachlich gebildete Coubertin wusste selber allerdings sehr genau um diese historisch verengte Sichtweise. Auch wenn die Olympioniken in Olympia keinen materiellen Gewinn einstreichen konnten, erhielten sie bei den weitverbreiteten Preisagonen aufgrund ihres vorauseilenden Ruhms Antrittsgelder, die das Jahresgehalt eines römischen Legionärs übertreffen konnten. Ihr Ruhm steigerte zudem das Ansehen ihrer Heimatpolis, die ihre Sieger mit materiellen Zuwendungen und Ehrungen überschütteten: mit hohen Geldprämien, Abgabenfreiheit, der Befreiung vom Militärdienst, dem Ehrenbürgerrecht, der Ehrenmitgliedschaft im Stadtrat, mit freien Logenplätzen im Theater, lebenslanger Speisung im Rathaus u. v. m. Bereits 476 v. Chr. heißt es bei Pindar in einem Siegeslied „Für Hieron aus Syrakus, [olympischer] Sieger mit dem Rennpferd“ (Pindar Carmina, 1. Olympische Ode, 96–99):

> „Und der Ruhm leuchtet weithin, der bei den Olympischen Spielen auf der Rennbahn des Pelops gewonnen wird, wo die Schnelle der Füße kämpft und höchste Spannung der Kraft. Wer dort siegt, der hat für sein weiteres Leben honigsüße Windstille, soweit es Kampfpreise gewähren können.“

Nach den Laufdisziplinen und den schwerathletischen Agonen zeigen sich der römische Delegationsleiter und seine Athleten unzufrieden. Auf die Frage des Delegationsleiters, „Glaubt ihr, daß Cäsar angesichts dieser brillianten Ergebnisse zufrieden sein wird?“, schütteln die versammelten Athleten zerknirscht und betreten ihre Köpfe. Alle sind in Sorge vor dem Zorn Caesars angesichts ihrer sportlichen Misserfolge. Die Mitglieder des Olympischen Rates erkennen diese sportpolitisch und sporttouristisch für Elis und Olympia durchaus brenzlige Situation (Uderzo & Goscinny, 1972, S. 41). Aber zum Glück hat der findige, zu Füßen des thronenden Zeus stehende Vorsitzende des Olympischen Rats eine zündende Idee: die Einführung einer Sonderdisziplin in Form eines 24-Stadien-Laufes ausschließlich für römische und gallische Teilnehmer. So erspart man den griechischen Superathleten die Schmach einer verordneten Niederlage und befriedigt das römische Bedürfnis nach einem olympischen Sieg.

Diese im Asterix-Band deutlich werdende, taktisch kluge Verhaltensweise der eleischen Heiligtumsverwaltung hatte eine Jahrhunderte alte historische Tradition. Ohne sie hätte die Kontinuität der panhellenisch bedeutsamen olympischen Festveranstaltung im politisch unbedeutenden Elis nie aufrechterhalten werden können. So gestattete der Olympische Rat nach dem Sieg des Makedonenkönigs Philipp II. über die vereinigten hellenischen Truppen bei Chaironeia im Jahr 338 v. Chr. den Bau des Philippeions, eines kleinen Rundtempels mit Goldstatuen der Makedonenkönige und ihrer Ehefrauen. Von Elis geduldet, diente der von Philipp II. begonnene und unter Alexander d. Großen vollendete Tempel an panhellenisch herausragender Stelle der politischen Propaganda des nun bestimmenden griechischen Herrscherhauses (Ebert, 1980, S. 29 f.). Und ebenso pragmatisch ließ die olympische Heiligtumsverwaltung dem römischen Konsul und Heerführer Lucius Mummius ein Ehrendenkmal errichten. Denn nach der vom römischen Senat angeordneten Zerstörung Korinths im Jahr 146 v. Chr. hatte sich Mummius in der Folgezeit als griechenfreundlicher Förderer Olympias gezeigt (Sinn, 2004, S. 196–199), wie Pausanias (*Graciae descriptio V 24, 4)* verdeutlicht:

> „Wir kennen keinen römischen Privatmann oder Senator, der früher als Mummius ein Weihgeschenk in ein griechisches Heiligtum weihte, Mummius aber stellt aus der Beute aus Achaia einen bronzenen Zeus in Olympia auf. Dieser steht links von dem Weihgeschenk de Spartaner neben der ersten Säule des [Zeus-] Tempels hier."

Den Gipfel der politischen Anpassungsfähigkeit lieferte das Verhalten des Olympischen Rates beim berüchtigten Besuch des römischen Kaisers Nero in Olympia im Jahr 67 n. Chr. Passend zu den Reiseplänen Neros, wurde die Festveranstaltung um zwei Jahre verlegt; es wurde eine palastähnliche Unterkunft für den Kaiser aus dem Boden gestampft und eigens ein kaiserliches Triumphtor errichtet. Und zu guter Letzt ‚siegte' Nero als Herold, Dichter, Kitharaspieler, beim Rennen der Pferdeviergespanne und beim eigens für ihn eingerichteten Fohlenrennen der Zehnergespanne, obwohl er hierbei vom Wagen gefallen sein soll (Ebert, 1980, S. 110). Bei Sueton (Suetonius De vita Caesarum, Nero 23 und 24) heißt es:

> „Auf seine Anordnung mußten sämtliche Feste, [...] in dieses eine Jahr zusammengedrängt, ja einige sogar zweimal gefeiert werden. Selbst in Olympia ließ er gegen jedes Herkommen einen musikalischen Wettkampf [im Kitharaspiel] veranstalten [...] Nero pflegte sich selbst als Sieger auszurufen; deswegen nahm er auch stets am Wettkampf der Herolde teil. Damit aber das Andenken und die Spur der früheren Sieger in den heiligen Spielen überall getilgt werde, gab er den Befehl, all ihre Statuen und Büsten umzustürzen, mit einem Haken zu schleifen und in die Latrinen zu werfen [...] Mehrfach trat er auch als Rennfahrer auf, in Olympia sogar mit einem Zehnergespann [...] Als er aus dem Wagen geworfen wurde, hob man ihn zwar wieder hinein; er konnte aber nicht durchhalten, sondern mußte vor Beendigung des Laufes aufgeben – nichtsdestoweniger wurde er mit dem Siegeskranz ausgezeichnet."

In die Kategorie politisch motivierter Sonderwettbewerbe ist zweifellos auch der für Asterix und seine römischen Kontrahenten organisierte 24-Stadien-Langlauf-Agon einzuordnen. Bei diesem abschließenden Wettbewerb ist Asterix mit einer mäßigen sportlichen Leistung den römischen Kontrahenten zwar unterlegen, aber dennoch sind die mit dem eingefärbten Zaubertrank gedopten, nun blauzüngigen Römer bis auf die Knochen blamiert. Weil sie gegen die olympischen Regeln verstoßen haben, werden sie von den Hellanodiken disqualifiziert (Uderzo & Goscinny, 1972, S. 47 f.).

Historisch authentisch ist zweifellos, dass eine ganze Reihe antiker Athleten in Olympia ähnlich wie die römischen Kontrahenten des Asterix aufgrund von Regelverstößen disqualifiziert wurden. Auch gab es einen antiken Präzedenzfall, in dem einem Athleten der Siegeszweig überreicht wurde, ohne dass dieser, ähnlich wie Asterix, wirklich gesiegt hatte. Bei Pausanias (Graeciae descriptio V 21, 14) heißt es:

> „So schlossen die Einwohner von Elis Apollonios und jeden anderen Faustkämpfer, der zu spät kam, von der Teilnahme an den Spielen aus und gaben den Siegerkranz kampflos an Herakleides."

Die Freude der gallischen Delegation ist überschwänglich, als Majestix seinem Helden Asterix auf dem (unhistorischen) Siegerpodest in Olympia gratuliert. „Asterix! Er lebe hoch!" Nur am Rande zeigen sich im Gespräch zwischen Obelix und Miraculix Zweifel an der Rechtmäßigkeit des gallischen Olympiasieges (Uderzo & Goscinny, 1972, S. 48).

Nach der glücklichen Heimfahrt mit der üblichen Versenkung des Piratenschiffes kommt es in dem uns wohlbekannten gallischen Dorf zum obligatorischen Festbankett, bei dem die gallischen Dorfbewohner in griechischen Erinnerungen schwelgen. Allerdings ist der gemeinschaftliche Abendschmaus ausnahmsweise einmal nicht die abschließende Szene des Asterix-Bandes. Denn Asterix gesteht dem fragenden Miraculix, dass er das sichtbare Zeichen seines Sieges, den berühmten Zweig vom heiligen Ölbaum an seinen Widersacher aus dem Römerlager von Aquarium weitergegeben habe: „Sag's den anderen nicht, aber ich hab' ihn jemandem gegeben, der ihn nötiger brauchte als ich, beim Teutates." (Uderzo & Goscinny, 1972, S. 48) „Und ein Mal ... ein einziges Mal war Cäsar zufrieden!", und befördert den Legionär Musculus zum Zenturio und den Zenturio Redeflus zum Tribun, als diese den Ölbaumzweig mit stolzgeschwellter Brust präsentieren (ebd.).

Asterix zeigt in seinem Verhalten gegenüber den beiden so fleißig um sportlichen Erfolg bemühten Römern wahre menschliche Größe. Denn er weiß, dass er seinen Sieg im Langlauf gegenüber dem körperlich überlegenen Legionär Musculus nicht mit fairen Mitteln, sondern nur mit Hilfe einer List erreicht hat. Ganz wie Pausanias (Graeciae descriptio VI 1, 2) im folgenden Zitat weiß Asterix zwischen ehrenhaften und weniger ehrenhaften Siegen zu unterscheiden, die nicht aufgrund eigener Kräfte gewonnen werden konnten:

> „Aber auch die Statuen derer, die dastehen, auch diese werde ich nicht alle nennen, da ich weiß, wie viele schon durch den Zufall des Loses und nicht durch

ihre Kraft den Ölzweig errungen haben. Die aber entweder selbst Rühmenswertes geleistet haben, oder deren Statuen besser als andere gearbeitet sind, das werde auch ich erwähnen.“

Zwischenfazit

Der erste und ausführlichere Teil des vorliegenden Beitrages hatte die Aufgabe, der in der Literatur kontrovers diskutierten Frage nachzugehen: Handelt es sich bei der Comicerzählung von *Asterix bei den Olympischen Spielen*

- um eine klamaukartige, gut gemachte Geschichtsgroteske ohne ernsthaften Bezug zur griechisch-römischen Geschichte oder
- um eine, trotz aller comicartigen Dramatisierungen und Verfremdungen, historisch durchaus authentische und historisch lehrreiche Darstellung?

Der Abgleich der Comicdarstellung mit den antiken Primärquellen und dem sporthistorischen Forschungsstand hat die weitgehende historische Stimmigkeit des Asterix-Bandes gezeigt. Olympia als panhellenische Kult- und Sportstätte und die Olympischen Spiele bilden die authentische Rahmung für die spannend erzählte, fiktive Geschichte um die olympischen Erlebnisse von Asterix, Obelix und Miraculix und der sie begleitenden gallischen Delegation.

4. Die bildungstheoretische Relevanz der antiken Olympischen Spiele und ihrer Darstellung bei Asterix & Obelix

Allein der Nachweis historischer Authentizität kann den Bildungswert eines historischen Gegenstandes nicht hinreichend begründen, mag er im Comic auch noch so sachgerecht in den Plot der Erzählung eingebaut sein. Aber was macht, bildungstheoretisch begründet, den möglichen Wert von *Asterix bei den Olympischen Spielen* aus?

Nach dem klassisch-humanistischen Bildungsbegriffs ist es das Ziel von Bildung, alle im Menschen angelegten Potenziale bestmöglich zu fördern, um den Menschen über seinen psycho-physischen Naturzustand hinaus zu erhöhen und in gewissem Sinne damit zu veredeln (Beckers, 1987, S. 252–255; Prohl, 2009, S. 36–38). Über diesen Aspekt der formalen Bildung hinaus geht es nach Klafki aber auch um den Aspekt der materialen Bildung des Individuums, um sinnvolle Inhalte des Bildungsprozesses. Beides, materiale und formale Aspekte, sollen in einer anzustrebenden kategorialen Bildung verschmelzen.

Gerade mit Blick auf die Auswahl pädagogisch relevanter historischer Bildungsinhalte stellt Klafki aus geschichtsdidaktischer Perspektive die Orientierung gebende Frage:

> „Welche Objektivierungen der bisher erschlossenen Menschheitsgeschichte scheinen am besten geeignet, dem sich Bildenden Möglichkeiten und Aufgaben einer Existenz in Humanität, in Menschlichkeit aufzuschließen, also einer auf wechselseitig anerkannte, damit aber immer auch begrenzte Freiheit, Gerechtigkeit, kritische Toleranz, kulturelle Vielfalt, Abbau von Herrschaft und Entwicklung von Friedfertigkeit, mitmenschliche Begegnung, Erfahrung von Glück und Erfüllung hin orientierte, vernunftgeleitete Selbstbestimmung?" (Klafki, 2007, S. 23)

Der einzelne Mensch entwickelt sich, konfrontiert mit sinnvollen Bildungsinhalten und Bildungsaufgaben, zu einem kenntnisreichen, urteilsfähigen, problemlösenden, gefühlsreichen, selbstständigen und selbstbewussten Individuum auf der Grundlage eines individuell und gesellschaftlich zu reflektierenden Wertesystems. Bildung in diesem Sinne trägt hierbei allerdings das notwendige Wagnis erzieherischer Eigenverantwortung und Freiheit des Menschen in sich. Denn die Konfrontation des Menschen mit sinnvollen Bildungsinhalten, also die Aneignung des Bildungsgutes, ist eine zutiefst subjektive Angelegenheit des sich bildenden Individuums (Prohl, 2009, S. 37 f.).

Ausgehend von diesen Vorüberlegungen, ist im Folgenden zu untersuchen, worin die mögliche Bildungsqualität von *Asterix bei den Olympischen Spielen* liegt.

Auf jeden Fall deutlich geworden ist, dass die Lektüre des Asterix-Comics einen nachhaltigen, belustigt reflektierenden Wissenserwerb mit Blick auf bildungsrelevante historische Sportstrukturen nach sich zieht. Der amüsierte Asterix-Leser vernetzt aktuelle Sportereignisse und Sportstrukturen des modernen Olympismus im Lichte des vor Augen geführten antiken Sportgeschehens. Ein lesendes Bildungserlebnis, bei jedem Leser individuell unterschiedlich und abhängig von seinen eigenen Bezügen zum olympischen Sport und zur Antike, ist zweifellos zu erwarten.

Der initiierte Bildungsprozess sollte aber immer auch wertegebunden sein. Werte als „Vorstellungen von etwas individuell oder gesellschaftlich Wünschenswertem" (Greifenhagen & Greifenhagen, 2000, S. 19) geben einem Individuum und einer Gesellschaft notwendige normative Orientierungen für sinnvolles Handeln. Somit kann sich der Bildungswert der Asterix-Lektüre über die antiken Olympischen Spiele nicht allein aus ihrer historisch-authentischen Qualität begründen. Ebenso wichtig ist die Frage nach den Wertvorstellungen, die die antiken Olympischen Spiele und deren Darstellung im Asterix-Band in sich tragen.

Der Sporthistoriker Wolfgang Decker bezeichnet die antiken Olympischen Spiele „als Modellfall einer Sportkultur schlechthin [...], die so lange von Wert sein dürfte, wie Menschen historisch denken – nicht nur solange sie Sport treiben" (Decker, 2012, S. 8). Der bekannte Topos des antiken Griechenland als Ursprung und Fundament unserer abendländischen modernen Kultur und Lebensweise wird fast nirgendwo handgreiflicher sichtbar als bei den antiken Olympischen Spielen. Stichwortartig soll dies anhand der Wertvorstellungen verdeutlicht werden, die mit der Idee, der Organisation und dem Ablauf der Festveranstaltung verbunden sind:

- Bei den antiken Olympischen Spielen *zählte die individuelle,* objektiv und unter chancengleichen Ausführungsbestimmungen erbrachte sportliche *Leistung* des Athleten, unabhängig von dessen sozialer Herkunft.
- Der *Sieg* und die agonale *Konkurrenz* waren zentrale Werte, die im Rahmen eines für alle geltenden, rationalen Regelwerks anzustreben waren.
- Die individuelle Leistung war eingeordnet in eine Idee der kulturellen und sportlichen *Gemeinschaft* aller Hellenen.
- *Demokratische Entscheidungsinstanzen* mit *gewaltenteilungsähnlichen Strukturen* bestimmten Organisation und Verwaltung des Festes: Nomophylaken mit legislativen, Olympischer Rat mit jurisdiktiven und Hellanodiken mit exekutiven Befugnissen.

- In einem Prozess der *Säkularisation* emanzipierte sich seit dem 5. Jh. v. Chr. der an Eigenständigkeit gewinnende Sport aus dem anfangs dominierenden religiösen Kult.
- *Rationalität* bestimmte hierdurch zunehmend Verwaltung, Training, Wettkampf und architektonische Ausgestaltung von Festort und Sportwettkämpfen.
- Alle im Sinne der *Paideia* erzogenen Menschen waren seit hellenistischer Zeit potenzielle Mitglieder der panhellenischen Sport- und Festgemeinschaft. Das in der olympischen Frühzeit entscheidende ′bluts′gebundene Kriterium einer griechischen Abstammung verlor an Bedeutung.

Der amerikanische Sportsoziologe Allen Guttmann hat in seiner Untersuchung über das Wesen des modernen Sports (Guttmann, 1979, S. 25–62) sieben charakteristische Merkmale herausgearbeitet: *Weltlichkeit, Gleichheit, Spezialisierung, Rationalisierung, Bürokratisierung, Quantifizierung* und *die Suche nach Rekorden*. Bis auf die Merkmale der Quantifizierung und der Rekordsuche sieht er alle übrigen Charakteristika des modernen Sports im Zusammenhang mit den antiken Olympischen Spielen bereits vor über 2000 Jahren erfüllt. Die Arbeit Guttmanns verweist somit auf den hohen kulturellen Wert und die weitgehende wertemäßige Identität von antiken Olympischen Spielen und modernem Sport.

In diesem Zusammenhang ist allerdings auch auf zentrale Unterschiede zwischen dem Wertesystem der griechischen Antike und dem Wertesystem unserer heutigen Zeit zu verweisen. Aber gerade diese Spannung zwischen gemeinsamen und verschiedenartigen, das Leben der Gemeinschaft bestimmenden Werten hat aus einer reflektierenden bildungstheoretischen Perspektive eine didaktisch hohe Bedeutung:

- Die neuzeitliche, zivilisatorische Errungenschaft der Idee unveräußerlicher Menschenrechte hat in der Antike nie existiert.
- Die weibliche Hälfte der Menschheit war von den Olympischen Spielen und dem öffentlichen Leben in Hellas weitgehend ausgeschlossen.
- Das hohe Maß an zivilisatorisch tolerierter Gewalt und Gewaltausübung im Sport wie im alltäglichen Umgang miteinander unterschied die antike Gesellschaft von unserer Gegenwart (Elias, 2003, S. 242–252).

Aber wie verhält es sich in bildungstheoretischer Hinsicht mit den Werten, die insbesondere in der von Uderzo & Goscinny ersonnenen Comic-Handlung dem jugendlichen oder erwachsenen Leser vermittelt werden? Im Folgenden sollen deshalb maßgebende Wertvorstellungen herausgearbeitet werden, die in ausgewählten Szenen des Comics handlungsbestimmend sind:

- Liebevoll karikiert, werden dem Leser kleinbürgerliche Rollenklischees parodistisch vor Augen gehalten: Geradezu pedantisch wird der zaunumrandete Kleingarten gepflegt (Uderzo & Goscinny, 1972, S. 5), Frauen putzen und tratschen miteinander (ebd.), bereiten dem Manne das Bad und verabschieden schluchzend die zum Abenteuer aufbrechenden gallischen Männer (Uderzo & Goscinny, 1972, S. 18), sind vom sportlichen Geschehen in Olympia und vom abschließenden Festbankett ihrer Männer aber ausgeschlossen.
- Autokratische Herrschaftsstrukturen und Führerschaft, verkörpert durch die Person von Häuptling Majestix, werden dem oftmals gewalttätig ausgestrittenen Willen des gallischen Volkes (volonté general) gegenübergestellt und dabei ironisierend entlarvt (Uderzo & Goscinny, 1972, S. 6, 15).
- Trotz der vielfältigen internen Streitrituale von Majestix und Gutemine, Automatix und Verleihnix, Methusalix und Automatix, Asterix und Obelix u. v. m. sind Gemeinschaft und Solidarität zentrale Werte, die das gallische Dorf bei der Lösung von Problemen, im Kampf gegen die Römer und beim Feiern letztendlich so stark machen.
- Respekt vor dem Alter, ein zentraler Wert in antiken Gesellschaften (Luh 2002, S. 308 f.), kennzeichnet auch das Geschehen im Asterix-Band sowohl mit Blick auf den weisen, welterfahrenen und ausgleichenden Miraculix als auch mit Blick auf die ehrwürdigen und diplomatisch klugen Mitglieder des Olympischen Rates.
- Auch wenn Gewalttätigkeit und kriegerische Aggression in mannigfaltiger Form im Geschehen zwischen Galliern und Galliern, Galliern und Römern und Galliern und Piraten vertreten sind, so haben doch letztlich die Weisheit des Miraculix und der Ideenreichtum des Asterix das letzte Wort.
- Die Gallier besitzen eine offensiv vorgetragene, klare national-gallische Identität, die der Gemeinschaftsbildung und Abgrenzung von ‚den Anderen' dienlich ist, aber durchaus positiv bewertet werden kann (Uderzo & Goscinny, 1972, S. 25, 38, 48).
- Allerdings zeigt der Asterix-Band deutlich, wie schnell ein positiv zu bewertendes nationales Selbstwertgefühl in Nationalismus und gar Chauvinismus umschlagen kann. Ebenso amüsant wie trefflich dargestellt ist diese Grenzüberschreitung zum Nationalismus am Beispiel des gallischen Fanverhaltens beim Einmarsch der Nationen in das Olympiastadion oder bei der unsachlichen Bewertung der Laufleistung des Asterix im Vergleich zu den überlegenen griechischen Konkurrenten. Denn der Respekt vor der anderen Nation bzw. der Leistung des nationalen Konkurrenten geht Majestix verloren (Uderzo & Goscinny, 1972, S. 25, 38, 40).
- Ein parodistisches Glanzstück zum Zwecke der Enttarnung eines überzogenen Chauvinismus liefern Uderzo & Goscinny bei der Ankunft der Gallier auf griechischem Boden.

Denn im Hafen von Piräus angelangt, fordert Majestix seine gallischen Mitreisenden auf, sich nicht über die „Eingeborenen" lustig zu machen, „auch wenn sie keine solche Kultur und keine solch glorreiche Vergangenheit haben wie wir" (Uderzo & Goscinny, 1972, S. 22). Der Gipfel lächerlich-chauvinistischen Verhaltens folgt aber bei dem touristischen Besuch des von Phidias geschaffenen Parthenon-Tempels auf der Akropolis, als Obelix im Schatten der riesigen dorischen Säulen seine Hünengräber vermisst und die grandiose Tempelanlage einen anderen Gallier an „eine Stelle in Massilia" erinnert (Uderzo & Goscinny, 1972, S. 25). Hier erstickt das Lachen des Lesers das parodistisch herausgestellte, sich selbst entlarvende chauvinistische Verhalten der gallischen Dorfbewohner.

- In kontrastierend herausgehobenem Gegensatz zur unkritischen, von sich selbst überzeugten Haltung seiner gallischen Mitstreiter zeigt allein Asterix den wahren olympischen Geist und erkennt die sportlich überlegene Leistung seiner griechischen und römischen Widersacher neidlos an. Und im Bewusstsein des nur durch List und nicht durch sportliche Leistung erreichten abschließenden Olympiaerfolges über die Römer erhebt sich Asterix zu finaler menschlicher Größe. Solidarisch und mit höchster Empathie überlässt Asterix den Siegeszweig vom heiligen Ölbaum seinem Gegner, dem Legionär Musculus, der daraufhin von Caesar persönlich zum Zenturio befördert wird. Asterix wird hiermit zu einem Sinnbild beispielhafter Sportmoral (Uderzo Goscinny, 1972, S. 39, 48).

Zusammenfassend lässt sich festhalten, dass die Lektüre von *Asterix bei den Olympischen Spielen* aus bildungstheoretischer Sicht dem jugendlichen und erwachsenen Leser auf das Wärmste empfohlen werden kann. Historisch authentische Wissensbestände europäisch-abendländischer Kulturentwicklung werden dem Leser mit einer Vielfalt von Interpretations- und Reflexionsmöglichkeiten vor Augen geführt: Wie kann und sollte man dem ‚Fremden' gegenübertreten und dabei Offenheit gegenüber dem Neuen bewahren, ohne seine eigene Identität aufzugeben? Und wie sollte man in fairem Wettstreit mit Sieg und Niederlage und dem sportlichen Gegner umgehen? Dies sind nur zwei, gerade auch heute relevante Problemstellungen, zu denen die Lektüre des Asterix-Bandes Anregungen geben kann. Und das Schönste daran ist, dass man die anspruchsvolle Lektüre gerne und amüsiert, aufgeladen mit positiven Emotionen, in sich aufnimmt Voraussetzung für eine wirklich nachhaltige Wirkung des erhofften Bildungserlebnisses.

5. Geschichtscomics und historische Bewusstseinsbildung

Auf hohem Niveau diskutieren Medienwissenschaftler und Geschichtsdidaktiker, ob Geschichtscomics die Herausbildung eines reflektierten Geschichtsbewusstseins stimulieren können. Sind es die von Hunderttausenden gelesenen Abenteuer von Asterix & Co, „die demnach für ein buntes geschichtliches Halbwissen von Schülern wie Erwachsenen verantwortlich sind?" (Gundermann 2007, S. 74). Auf der einen Seite ist eine triftige, empirisch belegbare Aussage über die Wirkung von Geschichtscomics in den Köpfen ihrer Leser nicht möglich. Auf der anderen Seite ist eine solche, bewusstseinsbildende Wirkung aus verschiedenen Gründen durchaus plausibel, wie Gundermann (2007, S. 76) ausführt:

> „Im Gegensatz zu einem abstrakten historiographischen Text veranschaulichen Comics nicht nur kognitiv-intellektuelle Wissensbestände, sondern bieten sinnlich-emotionale Konkretionen an. Das ist einer der wichtigsten Gründe, warum Comics erfolgreich Geschichtsbewusstsein beeinflussen können. Sie bringen die Leserin dazu, mit allen Sinnen (Synästhesie) und Emotionen in eine Geschichte einzutauchen, sich mit den dargestellten Figuren zu identifizieren, mit zu leiden oder mit zu lachen [...] Deren Emotionalisierung bedeutet eine höhere Anteilnahme am beschriebenen Geschehen und kann dadurch kurz- wie auch langfristig Einstellungen zu historischen Personen, Gruppen und Ereignissen stark beeinflussen."

Ein weiterer Grund für die bewusstseinsbildenden Möglichkeiten von Geschichtscomics beruht auf der besonderen Art der Informationsaufnahme und Informationsverarbeitung beim Lesen eines Comics (Gundermann, 2007, S. 75 f.). Erst die im Kopf des Lesers stattfindende *Induktionsleistung* bei dem sinnbildenden Sprung von Comicszene zu Comicszene ermöglicht das Verständnis der Comicerzählung. Um den Comic aktiv lesend zu verstehen, ist hierbei „eine enge Verknüpfung und Kombination von alten und neuen Wissensbeständen auf einer begrifflichen, bildlichen und symbolischen Ebene" erforderlich (Gundermann, 2007, S. 75 f.). Die Rezipienten produzieren auf diese Weise in ihren Köpfen selbst den Sinn der Comicerzählung, wogegen (in unserem Fall) Uderzo & Goscinny ‚nur' den narrativen Rahmen in Text und Bild zur Verfügung stellen. Gerade (authentische bzw. authentisch angereicherte) Geschichtscomics können hierdurch eine besonders nachhaltige und prägende Stimulation von Geschichtsbewusstsein bewirken.

In diesem Zusammenhang verweisen Geschichtsdidaktiker aber auch auf die besonderen Gefahren von Geschichtscomics und ihr „ungenügend geklärtes Verhältnis zwischen Wissenschaftlichkeit und historiografischer Erzählkunst" (Gundermann, 2007, S. 81). Die Wirklichkeit, die Geschichtscomics erzählen, „ist eine erfundene und imaginierte Wirklichkeit, die auf verschiedenen Ebenen" mit Blick auf fingierte Personen oder ausgedachte Handlungsstränge konstruiert wird (Pandel, 1993, S. 85). Die konstruierte Comic-Wirklichkeit entsteht aus historischen Versatzstücken und fiktiven Elementen, sollte sich aber – aus geschichtsdidaktischer Perspektive – „mit dem historischen Hintergrund widerspruchslos verbinden lassen. Dabei kann der historische Hintergrund sehr ausführlich oder nur sparsam ausgefüllt sein; er bleibt aber ständig vorausgesetzt" (Pandel, 1993, S. 85). Auch in *Asterix bei den Olympischen Spielen* verschwimmen die Grenzen von Fiktion und historischer Wirklichkeit. Zu bedenken ist in diesem Zusammenhang, dass *Asterix bei den Olympischen Spielen* nicht produziert wurde, um Geschichtsbewusstsein zu stimulieren, sondern um in möglichst hoher Auflage verkauft zu werden!

Der Geschichtsdidaktiker Hans-Jürgen Pandel hat für die Bewertung von Holocaustdarstellungen in Comics und Jugendbüchern ein Begriffsraster von „Authentizitätstypen" entwickelt (Pandel, 1993, S. 92–104). Dieses Begriffsraster soll helfen, das Verhältnis von Wahrheit und Fiktion in Geschichtscomics erkennen und ihr Potenzial zur Stimulierung von Geschichtsbewusstsein bewerten zu können. Nach diesem Begriffsraster verfügt *Asterix bei den Olympischen Spielen* über eine hohe *Fakten- und Ereignisauthentizität* (Pandel, 1993, S. 95 f.), wie im vorliegenden Beitrag nachgewiesen werden konnte. Die handelnden, wenn auch ironisch verfremdeten Personen wie Caesar bzw. Vercingetorix und Kleopatra in anderen Asterix-Bänden, haben real gelebt oder entsprechen in ihren Handlungsmustern als fiktive Personengruppen wie die Hellanodiken, die Mitglieder des Olympischen Rates oder die Piraten durchaus den historischen Vorbildern. Auch ereignischronologisch entspricht der fiktive Handlungsrahmen des olympischen Festverlaufes den historischen Gegebenheiten. Und gerade die vermeintlichen historischen Fehler wie z. B. die parodistische Darstellung der militärischen Kampfkraft römischer Legionen oder die parodistische Verfremdung Caesars verweisen als reflektierte Ironisierung auf die historisch ‚wahren' Gegebenheiten.

Ähnlich verhält es sich mit der Kategorie der Pandel'schen *Typenauthentizität* (Pandel, 1993, S. 98). Denn das fiktive Festgeschehen, wie es Uderzo & Goscinny zeichnen, entspricht in seiner Gesamtcharakteristik durchaus dem antiken Typus eines panhellenischen Kult- und Sportfestes. Das Gleiche gilt im Großen und Ganzen für die Darstellung des Druiden Miraculix oder von Häuptling Majestix, wenn man sie mit dem Typus des historischen keltischen Druiden oder dem Typus des keltischen Stammesführers vergleicht. Ebenso ist die Kategorie der *Repräsentationsauthentizität* (Pandel, 1993, S. 103) in hohem Maße erfüllt. Denn die Geschichte, die der Asterix-Band mit einer Vielzahl von detailreichen Ausschmückungen fiktiv erzählt, repräsentiert weitgehend widerspruchsfrei den realen historischen Kontext. Vieles von dem, was im Asterix-Band erzählt wird, hätte demnach wirklich auf die vorgestellte Weise passieren können.

Die Pandel'sche Kategorie der *Erlebnisauthentizität* (Pandel, 1993, S. 98 f.) wird dagegen eher von historischen Comic-Autobiographien erfüllt, die individuelle, subjektiv authentische Erfahrungshorizonte wiedergeben, aber weniger von Geschichtscomics wie Asterix, die dem Comic-Genre der Semi-Funnies zuzuordnen sind. In der abschließenden Bewertung seines methodischen Ansatzes verweist Pandel darauf, dass kein historisches Jugendbuch und kein Geschichtscomic „allen Authentizitätsansprüchen gleichzeitig nachkommen" kann, ohne sich als schriftstellerisch-belletristisches Genre selber aufzugeben (Pandel, 1993, S. 104), – eine notwendige Relativierung, wenn die literarische Attraktion eines Geschichtscomics erhalten bleiben soll.

Insgesamt festzuhalten bleibt, dass die Empfehlung der Lektüre des vorliegenden Asterix-Bandes auch aus geschichtsdidaktischer Perspektive mit Blick auf eine sinnvolle historische Bewusstseinsbildung berechtigt erscheint.

6. Asterix bei den Olympischen Spielen: aktuelle zeitgeschichtliche, kulturelle und (sport)historische Bezüge

Jeder Geschichtscomic ist in der gebräuchlichen comictheoretischen Begrifflichkeit auch ein *Quellencomic*, in dem sich die Lebensumstände der Zeit widerspiegeln, aus der heraus der Comic entstanden und verfasst ist. Geschichtscomics wie *Asterix bei den Olympischen Spielen* bieten damit nicht nur Informationen zu den antiken olympischen Begebenheiten, sondern sind als *Quellencomic* gleichzeitig auch eine Primärquelle über den Zeitgeist, aus dem heraus sie erzählt werden (Gundermann, 2007, S. 10, 88 f.). Im Folgenden sollen deshalb einige bemerkenswerte zeitgenössische Prägungen und Deutungsmuster des Asterix-Bandes mit Blick auf den französischen Entstehungskontext und die deutsche und internationale Rezeption in den Blick genommen werden.

Ein gutes Beispiel für die Einarbeitung unserer heutigen zeitgenössischen Lebensumstände und Verhaltensweisen in die Erzählung des Comics sind die Vorkommnisse im antiken Athen nach der Ankunft im Hafen von Piräus. Wenn sich Automatix, Obelix und Methusalix bei der Besichtigung der Akropolis und dem abendlichen Besuch der Athener Altstadt (Uderzo & Goscinny, S. 22–27) wie die Massentouristen unserer heutigen Zeit verhalten, erkennt sich der Leser in seinem eigenen Urlaubsverhalten wieder und lacht (hoffentlich) über sich selbst. Denn die Erscheinungsjahre des untersuchten Asterix-Bandes, 1968 im Falle der französischen Originalausgabe und 1972 im Fall der deutschen Erstauflage, markieren in etwa den Beginn des in Westeuropa Raum greifenden Massen- und Pauschaltourismus mit seinen Hauptzielgebieten in Italien, Spanien und Griechenland.

Die französische Originalausgabe erschien in Form einer Serienveröffentlichung in der französischen Jugendzeitschrift *Pilote* von Februar bis Juli 1968 verkaufswirksam im Kontext des laufenden Olympiajahres. Anlässlich der Olympischen Winterspiele in Grenoble und der Olympischen Sommerspiele in Mexico-Stadt führte die Medizinische Kommission des IOC im Jahr 1968 erstmalig erfolgreich Dopingkontrollen aufgrund einer 1966 erstellten Dopingliste durch. Dieser von Uderzo & Goscinny zweifellos erwünschte zeitgeschichtliche Bezug bestimmt den amüsanten Handlungsstrang um die des Dopings überführten römischen Olympiateilnehmer. Die realen sporthistorischen Begebenheiten im antiken Olympia kennen dagegen, wie gesehen, den Tatbestand des unerlaubten Dopings überhaupt nicht.

Auch bei der deutschen Erstveröffentlichung der olympischen Abenteuer von Asterix & Obelix spielte der tagespolitische Bezug auf die moderne Dopingproblematik zweifellos die bestimmende Rolle. Der deutsche Asterix-Band erschien passgenau zu den Olympischen Spielen von München 1972, zu denen das IOC das erste umfassende Dopingkontrollverfahren mit Dopingliste und Dopingkontrollstation einrichtete (Krüger, Becker, Nielsen & Reinold 2014, S. 72 f.).

Die Fangemeinde von Asterix & Obelix umfasste in Frankreich bereits Mitte der 1960er-Jahren sehr unterschiedliche soziale Gruppen wie Büroangestellte, Jugendliche, Jungakademiker, konservatives Bildungsbürgertum, Hausfrauen, Land- und Stadtbevölkerung wie Facharbeiter (Stoll, 1975, S. 12 f.) und wurde in den 1970er-Jahren zu einem weltweiten Phänomen. Ursprünglich waren die gallischen Comic-Helden in den Jahren 1959/61 für die Leserschaft der männlichen französischen Oberschülerschaft in der anspruchsvollen Jugendzeitschrift *Pilote* ins Leben gerufen worden (Fündling, 2016, S. 4 f.). Humanistisch-altsprachlich gebildet, sollte der bildungsbürgerliche Nachwuchs mit den tragisch-heldenhaften Ursprüngen der gallo-französischen Nation versöhnt werden. Jeder französische Absolvent eines Lycée war mit der tragischen Niederlage des Vercingetorix bei Alesia im Jahr 52 v. Chr. vertraut und national von ihr ergriffen (Stoll, 1975, S. 27–33; Dolle-Weinkauf, 1990, S. 215; Will, 2001, S. 32, Fündling, 2016, S. 10–12). Der kleine, mutige und geistreiche Asterix und seine Kumpane stellten die literarisch-ironisierende Rache und Aufarbeitung der tragischen gallo-französischen Anfänge dar, wie sie jeder Oberschüler aus Caesars „De bello Gallico" kannte. Gleichzeitig repräsentierten die Comic-Helden von Uderzo & Goscinny die fundamentalen Prinzipien und Tugenden der Französischen Revolution und der von ihr geschaffenen Republik: Freiheit, Gleichheit und Brüderlichkeit, Kampfesmut, Humanität, Solidarität und Gemeinschaft, Bürgerrechte, Individualismus und Nationalstolz, streitbare Demokratie und legitimierte Führerschaft, Ideenreichtum u. v. m.

Gerade die Figur des Asterix repräsentiert den französischen Nationalstolz und die französische Identität sowohl in seinen geistigen und charakterlichen Eigenschaften und Fähigkeiten als auch in seiner parodistisch zeichnerischen Darstellung. Insbesondere die Kopfbedeckung von Asterix ist Ausdruck nationalfranzösischer Symbolik (Fündling, 2016, S. 10). Auch wenn der Helm durchaus historisch authentische Züge aufweist, verweist die Kopfbedeckung des kleinen Helden, für jeden Franzosen sofort ersichtlich, auf die Zigarettenmarke Gauloises und die Gestaltung ihres Erkennungszeichens, des geflügelten gallischen Helmes. Wie kaum ein anderer französischer Markenartikel sind die Zigarettenmarke und ihr Helm Ausdruck französischer Identität und Lebensweise, wie die bekannten Gauloises-Werbekonzepte inner- und außerhalb Frankreichs verdeutlichen sollen.

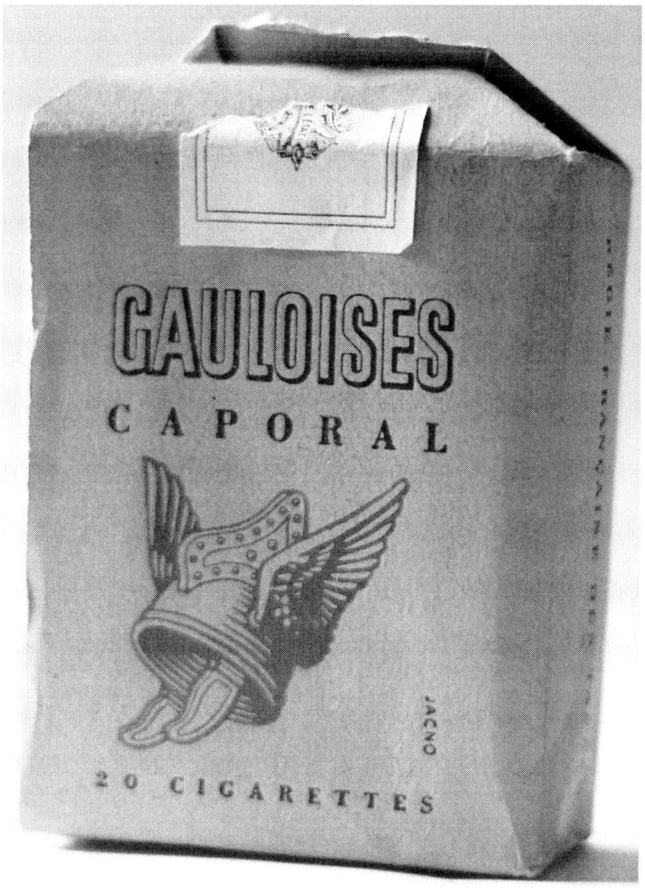

Abb. 11: Helm der Zigarettenmarke Gauloises (Foto: Igor Maynaud)

Und auch die im Comic ausgewählten Farben der Kleidung des weisen Druiden Miraculix in seinen blauen Schuhen, seinem weißen Körperkleid und seinem roten Umhang sind der personifizierte Ausdruck nationalfranzösischer Trikoloren-Symbolik: weiß-rot-blau, die Farben der Französischen Revolution und der Französischen Republik.
Dass das Asterix-Epos tief in die Gründungsmythen Frankreichs eingebunden ist, zeigt die Einführungsseite eines jeden Asterix-Bandes in ihren zeitgeschichtlichen Bezügen, die auf die deutsche Okkupation Frankreichs im Jahr 1940 verweisen.

> „Ganz Gallien ist von den Römern besetzt ... Ganz Gallien? Nein! Ein von unbeugsamen Galliern bevölkertes Dorf hört nicht auf, dem Eindringling Widerstand zu leisten."

Dieser, jedem Asterix-Leser in Fleisch und Blut übergegangene Einführungskommentar enthält in Wortwahl und Argumentation gezielte Analogien zu der flammenden BBC-Radioansprache von Charles de Gaulles vom 18. Juni 1940. In dieser als „Appel du 18 juin" in die französische Geschichte eingegangenen Rede präsentierte sich de Gaulles als Führer des freien Frankreich (*France libre*) und als Begründer der *Resistance*, der französischen Widerstandsbewegung diesseits und jenseits des Ärmelkanals.

In der deutschen Übersetzung heißt es:

> „Gewiss waren und sind wir überschwemmt von der mechanischen Übermacht des Feindes zu Lande und in der Luft. Unendlich viel mehr noch als ihre Zahl haben uns die Panzer, die Flugzeuge, die Taktik der Deutschen zurückweichen lassen […] Aber ist das letzte Wort gesprochen? Muss die Hoffnung weichen? Ist die Niederlage endgültig? Nein!" […] Was auch immer geschehen mag, die Flamme des französischen Widerstands darf nicht erlöschen und sie wird nicht erlöschen." (Stiftung Charles de Gaulle 2017)

In (fast schon nicht mehr) sublimer Weise erzeugen Uderzo & Goscinny Analogien zwischen dem von der römischen Militärmaschinerie im Jahr 50 v. Chr. überrollten Gallien und dem im Jahr 1940 n. Chr. von deutschen Panzern überrollten Frankreich. In noch ausführlicher ausgearbeiteter Form wird diese Analogie im Einführungsband *Asterix der Gallier* einleitend in Text und Bild dargestellt (Uderzo & Goscinny, 1971, S. 5):

> „Im Jahre 50 v. Chr. wurden die Gallier nach langen Kämpfen von den Römern besiegt … Ganz Gallien ist besetzt … Ganz Gallien? Nein! Denn ein Gebiet widersteht erfolgreich der Besatzungsmacht, eine kleine Region, von römischen Schanzen umgeben…"

Nach dem schnellen Durchbruch der deutschen Panzertruppen und der Besetzung von Paris am 14. Juni 1940 wurde der greise Verteidiger Verduns, Marschall Pétain, mit der Bildung einer Übergangsregierung beauftragt. Am 18. Juni verkündete Pétain in einer Radioansprache an das französische Volk die Einstellung des militärischen Widerstandes gegen die Deutschen. Wenige Tage später unterzeichnete er das Waffenstillstandsdiktat Hitlers im symbolträchtigen Wald von Compiègne. Der Norden und Westen Frankreichs mit der Hauptstadt Paris wurden unter deutsche Militärverwaltung gestellt, im Süden Frankreichs entstand die sog. III. Republik, das mit NS-Deutschland kollaborierende Vichy-Regime unter Staatschef Pétain. Ganz Frankreich war also erobert? Nein! Denn am Tag der Ergebenheitsadresse Pétains an Hitler erhob im freien London ein unbeugsamer Franzose namens de Gaulle seine in ganz Frankreich gehörte Stimme und rief im

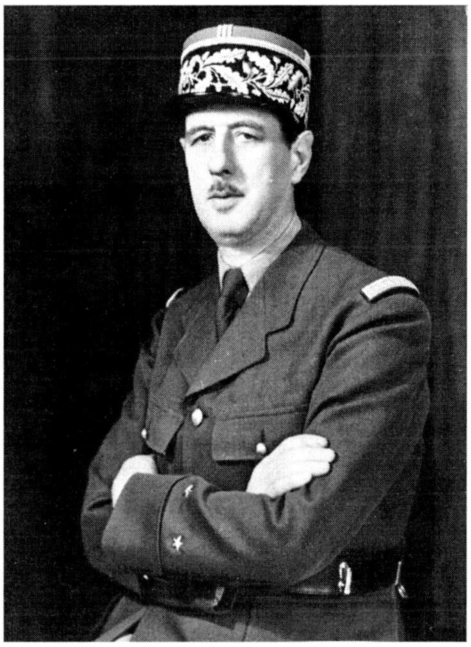

Abb. 12: General de Gaulle
(Foto aus dem Jahr 1945; Quelle: wikimedia)

Namen des freien Frankreich zum Kampf gegen die deutschen Usurpatoren auf (Loth, 1987, S. 102–109; Linsel, 1998, S. 90–95).

Die deutsche Besetzung Frankreichs war im kollektiven historischen Gedächtnis der Franzosen in den 1960er-Jahren noch tief verankert. Insofern kann die erfolgreiche und ungebrochene *Resistance* des kleinen gallischen Dorfes gegen die übermächtige römische Militärmaschine in ihrer gedanklichen Analogie zur deutschen Besetzung Frankreichs als späte, parodistische Rache und literarische Aufarbeitung der für die Franzosen traumatischen Okkupationszeit zu Beginn des Zweiten Weltkriegs verstanden werden (Stoll, 1975, S. 163; Gundermann, 2009, S. 117; Fündling, 2016, S. 11).

Von verschiedenen Seiten ist der Widerstandsgeist der unbeugsamen Gallier gegen die römische Supermacht mit ihrer unbesiegbar erscheinenden Militärmaschinerie und ihrer überlegen auftretenden Zivilisation mit dem Zeitgeist der durch de Gaulle geschaffenen V. Französischen Republik in Verbindung gebracht worden (Stoll, 1975, S. 161–166; Gundermann, 2009, S. 117). De Gaulle wollte, gestärkt durch ein erfolgreiches Verfassungsreferendum, die Unabhängigkeit, Größe und Weltgeltung Frankreichs mit Hilfe einer starken präsidialen Republik wiederherstellen. Im Bündnis mit Deutschland sollte ein von den USA und der Sowjetunion unabhängiges Europa entstehen. Die *Grande Nation* sollte mit ihrer *Force de frappe* als weltpolitische Großmacht zu den atomaren Supermächten aufschließen und auch dem zivilisatorischen und ökonomischen Hegemonialanspruch der übermächtigen USA auf der Grundlage einer starken, eigenen kulturellen Identität entgegentreten (Requate, 2011, S. 61–73, 89–95). Die Figur des Asterix verkörperte im Sinne eines „transhistorischen Galliertums" (Stoll, 1975, S. 34 f.) in geistreicher und liebevoll überzeichneter Form die Stärke, den Widerstandsgeist und die überlegene französische Identität im Sinne des gaullistischen Zeitgeistes. Die französische Jugend sollte Asterix lesen und von Asterix lernen, nicht von Superman, Batman, Donald Duck und Mickey Mouse.

Der Romanist Stoll analysiert in diesem Zusammenhang die den Asterix-Epos prägenden „mehrschichtigen Analogien", die den antideutschen und antiamerikanischen Feindbildern der gaullistischen Bewegung seit der Zeit der Résistance entsprechen (Stoll 1975, S. 166 f.). Hierbei verbergen sich nach Stoll unter der Maske der Römer in den frühen Asterix-Bänden eher die NS-Deutschen und seit Ende der 1960er-Jahre dann später die US-Amerikaner:

> „Noch aus dem Arvernerschild von 1969 sind mehr oder minder deutliche Anspielungen auf die [deutsche] Okkupationszeit herauszulesen. Danach jedoch tritt das militärische Feindbild völlig in den Hintergrund zugunsten des aktuelleren vom Wirtschaftsimperialisten USA [...] Von Anfang bis Ende der Epensequenz sind die USA stets unter der Maske der radikalsten Verfechter der römischen Zivilisation zu erkennen." (Stoll, 1975, S. 164 f.)

In seiner trefflichen literaturwissenschaftlichen Untersuchung des Asterix-Epos betont Stoll zudem, dass das französische Original angefüllt ist mit zahllosen Wortspielen[1], Sprachstereotypen, Sprichwörtern und metaphorischen Wendungen. 70–80% dieser urfranzösischen Sinngehalte gehen nach Stoll beim Übergang vom französischen in den deutschen Rezeptionsbereich verloren (Stoll, 1975, S. 175):

> „Ebenso viele Bildparodien der politischen, literarischen, historischen Mythen des ‚Durchschnittsfranzosen' können im Ausland nicht nachempfunden werden, weil dafür die Voraussetzungen in der eigenen Erfahrung oder im Bildungsbewußtsein des Empfängerpublikums nicht vorhanden sind."

1 Stoll (1975, 21) erläutert mit Blick auf die französische Benennung der befestigten Römerlager Kleinbonum, Laudanum, Babaorum und Aquarium: „Der Franzose erkennt [...] unter ihrer [vermeintlich altphilogogisch-lateinischen] Worthülle ganz und gar neuzeitliche Bedeutungsinhalte: Unter Babaorum versteckt sich der gleichlautende »baba-au-rhum«, ein leckeres, kleines Rumgebäck; Laudanum ist der jedem Franzosen vertraute pharmazeutische Name einer alkoholischen Opiumtinktur; aus Petibonum schließlich liest man »petit bonhomme«, den »kleinen Spießer«, den »kleinen, gutmütigen Trottel« heraus."

Aber wie lassen sich dann die internationalen Erfolge der Asterix-Bände mit ihren weltweit über 320 Mio. verkauften Exemplaren in über 100 Sprachen erklären? Was macht den globalen Reiz dieses von Franzosen für Franzosen gemachten urfranzösischen Epos aus?

Asterix bei den Olympischen Spielen verdeutlicht das über Jahrzehnte hinweg funktionierende Erfolgsrezept der französischen Comicautoren in exemplarischer Weise. Der Asterix-Band ist als Geschichtscomic und Semi-Funny ein geschickt gemachter Hybrid zwischen historisch lehrreicher Erzählung und amüsant erzählter Fiktion, allseits geschätzt sowohl von bildungsbürgerlichen Lateinlehrern als auch von pubertierenden Jugendlichen. Historische Begebenheiten mit wahrem Kern werden parodistisch verfremdet, und gleichzeitig werden moderne Stereotype über andere Länder und Völker lustvoll entlarvt. Griechen sind ein geschäftstüchtiges, familiär vernetztes Volk mit scharfkantigem Gesichtsprofil, Engländer trinken gerne warmes Bier und heißes Wasser, Belgier essen frittierte Kartoffeln, Deutsche führen Krieg und Schweizer sind ein Volk der Banker und leben in den Bergen (Will, 2001, S. 32; Schikowski, 2014, S. 124).

Das Geheimnis des internationalen Erfolgs des französischen Comics liegt vor allem aber auch in dem historisch und geographisch variabel und universell einsetzbaren Minimalnarrativ, dem Hauptplot aller Asterix-Geschichten: dem Sieg der Kleinen gegen die Großen, dem Sieg des Einzelnen gegen den Apparat (Gundermann, 2009, S. 115, 125). In den Asterix-Bänden besiegt der kleine Asterix den großen Caesar. Das kleine gallische Dorf, die Tea-Time verhinderten Briten und die zerstrittenen Belgier siegen gegen das ewige Rom, die zahlenmäßig kleine gallische Kriegerhorde siegt gegen die mächtigen römischen Legionen, die urgallische französische ‚Peripherie' in Aremorica gegen die romhörige und dekadente gallische Zentrale in Lutetia, die gallische Solidarität siegt gegen die übermächtigen kapitalistischen Machenschaften römisch motivierter Sichelschieberbanden (*Asterix und die goldenen Sichel*) und römische Immobilienmakler (*Asterix und die Trabantenstadt*). Und in Olympia siegt der kleine Asterix gegen die übermächtig erscheinenden, ihn an Körpergröße weit überragenden römischen und griechischen Superathleten.

Das immer wiederkehrende Widerstandsmotiv der Kleinen gegen die Großen lässt sich übertragen auf die unterschiedlichen politischen und gesellschaftlichen Lebensumstände und Gegebenheiten in nahezu allen Ländern und ist auf der ganzen Welt nachvollzieh- und erlebbar. Asterix-Parodien erschienen im Kontext des Widerstandes von Gewerkschaftlern gegen Arbeitgeber, von Atomkraftverweigerern gegen Atomkraftlobby, von Nato-Aufrüstungsgegnern gegen Aufrüstungsbefürwortern, von Startbahn-West-Gegnern und Frankfurter Flughafengesellschaft u. a. (Dolle-Weinkauf, 1990, S. 224; Gundermann, 2009, S. 125 f.). Eingebunden in eine „Symbiose aus suggestivem Bildmaterial und verbalem Raffinement" (Stoll, 1975, S. 15) entfalten historisch lehrreiche und spannende Geschichten, aufgeladen mit zeitgenössische Parodien ihre unwiderstehliche Wirkung auf die Leserinnen und Leser in allen Teilen der Welt.

7. Asterix bei den Olympischen Spielen als Mittel sporthistorischer Bildung?

Angeregt durch Diskussionen in sporthistorischen Seminaren, war es die Absicht des Autors einen kleineren Beitrag über die sporthistorische Authentizität und die möglichen sporthistorischen Bildungspotenziale von *Asterix bei den Olympischen Spielen* zu verfassen. Ist die Lektüre des Asterix-Bandes Sportstudierenden und sporthistorisch interessierten Jugendlichen und Erwachsenen als Mittel sporthistorischer Bildung zu empfehlen?

Das Unterfangen stellte sich anspruchsvoller und umfangreicher heraus als anfänglich angenommen. Notwendige comic-historische und comic-theoretische Einordnungen waren vorzunehmen. Vor dem Hintergrund des altertumswissenschaftlichen und sporthistorischen Forschungsstandes sowie der antiken literarischen Primärquellen zu den Olympischen Spielen war die geschichtswissenschaftliche Stimmigkeit der Comicerzählung zu untersuchen und zu bewerten. Die Frage nach den sporthistorischen Bildungspotenzialen des Asterix-Bandes erforderte zudem die Untersuchung des Bildungsgehaltes der antiken Olympischen Spiele und ihrer literarischen Darstellung im Comic. Sind die Werte, die die antiken Olympischen Spiele und ihre Darstellung im vorliegenden Geschichtscomic in sich tragen, überhaupt bildungsrelevant und bildungswert? Des Weiteren waren die besonderen geschichtsdidaktischen Potenziale von *Asterix bei den Olympischen Spielen* als Geschichtscomic, der dem Genre der Semi-Funnies zuzuordnen ist, in den Blick zu nehmen und die zeitgenössischen Prägungen und Deutungen herauszuarbeiten, die den Reiz der Comiclektüre für den heutigen Leser noch steigern.

Zusammenfassend lässt sich festhalten: Sporthistorisch interessierten Jugendlichen und Erwachsenen ist die aufmerksame Lektüre von *Asterix bei den Olympischen Spielen* als Mittel (sport)historischer Bildung ohne Wenn und Aber zu empfehlen. Nicht alle Details des Asterix-Bandes erscheinen historisch authentisch. Manches ist dramaturgisch oder parodistisch überzogen, aber nur weniges ist falsch dargestellt. Uderzo & Goscinny zeichnen ein lebendiges Bild von der Atmosphäre und der sportlich-religiösen Charakteristik der antiken Olympischen Spiele in römischer Zeit. Antike ereignisgeschichtliche Bezüge, Architektonik, Kleidung, Alltagsleben, Organisations- und Wettkampfstrukturen und vieles mehr sind weitgehend stimmig in die fiktive Darstellung des olympischen Geschehens um Asterix, Obelix, Miraculix, den Legionär Musculus und Zenturio Redeflus eingebunden. Der Großteil der im Comic vermittelten Wertvorstellungen, die das panhellenische Sportfest in der Antike ausmachten, ist auch aus heutiger bildungstheoretischer Perspektive erstaunlich aktuell, vorbildhaft und zukunftsfähig. Chancengleichheit im Wettkampf, Leistung, nationale Gemeinschaft, faire agonale Konkurrenz, demokratische Entscheidungsstrukturen, von Rationalität durchdrungene Verwaltungs-, Wettkampf- und Trainingsstrukturen u. a. sind in diesem Zusammenhang zu nennen. Bildungstheoretisch ebenso empfehlenswert zeigen sich die Wertvorstellungen, die Uderzo & Goscinny ihrer fiktiv erzählten Geschichte zugrunde legen. Zeitgenössische kleinbürgerliche Rollenklischees, autokratisches Herrschaftsverhalten und verengter Chauvinismus werden in amüsanter Form parodiert und gleichzeitig entlarvt.

Als Quellencomic ist *Asterix bei den Olympischen Spielen* zudem Ausdruck des Zeitgeistes, in dem er entstanden und aus dem heraus er aufgenommen wird. Dem aufmerksamen Leser werden selbstzerstörerisches modernes Dopingverhalten, beschämende Formen pauschaltouristischer Verhaltensweisen und die Besonderheiten nationalfranzösischer historischer Identitätsbildung in ironisierender Form vor Augen gehalten. In geschichtsdidaktischer Perspektive bietet der Geschichtscomic um Asterix & Obelix einen unwiderstehlichen Teaser, der zur weiteren Beschäftigung mit kulturell bedeutsamen Themen anregt. Durch den hohen Grad an Identifikation mit den liebenswerten Hauptdarstellern und durch das anteilnehmende Mitfiebern am Handlungsgeschehen im antiken Olympia dringen historisch relevante Inhalte tief und hoffentlich nachhaltig in das Bewusstsein möglichst vieler Leser und Leserinnen in allen Teilen der Welt ein.

Wissen und Bildung mit Asterix,
auf jeden Fall,–
und 1000mal besser als nix!
(Luh, 2017)

So lautet deshalb das uneingeschränkte Plädoyer des vorliegenden Beitrages. Im Sinne eines weiterführenden Bildungsprozesses sollten sich die Leserinnen und Leser allerdings mit Hilfe von (populär)wissenschaftlicher Literatur, historischen Filmdokumentationen und seriösen Online-Medien immer wieder neu auf die Spuren von *Asterix bei den Olympischen Spielen* begeben, um historische Ungereimtheiten zu entdecken und Anachronismen zu entlarven. Ein vertieftes und vergnügliches Bildungserlebnis wäre unausweichlich.

8. Quellen- und Literaturverzeichnis

Antike Autoren

Aeneas Tacitus; Asclepiodotus; Onasander. With an English translation by members of the Illinois Greek Club (1962). London: Heinemann.

Caesar, Gaius Iulius. Casear´s Memoiren über den Gallischen Krieg [De bello Gallico]. Deutsch von H. Köchy und W. Rüstow (3., durchgesehene Aufl. 1866). Stuttgart: Rübling.

Cicero, Marcus Tullius. Atticus Briefe [Epistulae ad Atticum]. Lateinisch-Deutsch ed. Helmut Kasten (2. Aufl. 1976). Darmstadt: Wissenschaftliche Buchgesellschaft.

Cicero, Marcus Tullius. Vom rechten Handeln [De officiis]. Lateinisch-Deutsch. Herausgegeben und übersetzt von Karl Büchner (1994). Zürich: Artemis & Winkler.

Diodoros. Griechische Weltgeschichte [Diodorus Siculus bibliotheca historica] Buch I–X. Übersetzt von Gerhard Wirth (Buch I–III) und Otto Veh (Buch IV–X) (1993). Stuttgart: Hiersemann.

Homer. Ilias. Griechisch und Deutsch. Übertragen von Hans Rupé (12., verb. Aufl. 2004). Düsseldorf, Zürich: Artemis & Winkler.

Paterculus, C. Velleius. Römische Geschichte [Historia Romana]. Lateinisch-Deutsch. Übersetzt und herausgegeben von Marion Griebel (1998). Stuttgart: Reclam.

Pausanias. Beschreibung Griechenlands [Pausaniae Graeciae descriptio]. Neu übersetzt, mit einer Einleitung und erklärenden Anmerkungen versehen von Ernst Meyer (2., ergänzte Aufl. 1967). Zürich und Stuttgart: Artemis.

Philostratos. Über Gymnastik [De arte gymnastica]. Von Julius Jüthner (1909). Leipzig & Berlin: Teubner.

Pindar. Siegesgesänge [Carmina] und Fragmente [Fragmenta]. Griechisch und Deutsch. Herausgegeben und übersetzt von Oskar Werner (1967). München: Heimeran.

Plinius Secundus d. Ä., Gaius. Naturkunde [Historia naturalis]. Buch XVI: Botanik: Waldbäume. Lateinisch-Deutsch. Herausgegeben und übersetzt von Roderich König (1991). Zürich: Artemis & Winkler.

Statius, Publius Papinius. Der Kampf um Theben [Thebais]. Einl. Übers. Und Anm. von Otto Schönberger (1998). Würzburg: Königshausen & Neumann.

Suetonius, Gaius Tranquillus. Leben der Caesaren [De vita Caesarum]. Übersetzt von André Lambert (3. Aufl. 1980). München: DTV.

Vitruv. Zehn Bücher über Architektur [De architectura libri decem]. Lateinisch und Deutsch. Übersetzt und mit Anmerkungen versehen von Curt Fensterbusch (6. Aufl. 2008). Darmstadt: Wissenschaftliche Buchgesellschaft.

Sekundärliteratur

Backhaus, W. (1978). Öffentliche Spiele, Sport und Gesellschaft in der römischen Antike. In H. Ueberhorst (Hrsg.), *Geschichte der Leibesübungen. Bd. 2: Leibes*übungen und Sport in der Antike (S. 200–248). Berlin, München, Frankfurt a. M.: Bartels & Wernitz.

Beckers, E. (1987). Durch Rückkehr zur Zukunft. Anmerkungen zur Entwicklung der Sportpädagogik. *Sportwissenschaft, 17* (3), 241–257.

Bordersen, K. (2001). Die spinnen, die Römer! Vorwort des Herausgebers. In K. Brodersen (Hrsg.), *Asterix und seine Zeit. Die große Welt des kleinen Galliers* (S. 7–10). München: Beck.

Briard, J. (2000). *Megalithen der Bretagne*. Paris: Gisserot.

Christ, K. (2000). *Krise und Untergang der Römischen Republik* (4., aktual. Aufl.). Darmstadt: Wissenschaftliche Buchgesellschaft.

Decker, W. (2012). *Sport in der griechischen Antike. Vom minoischen Wettkampf bis zu den Olympischen Spielen* (2., völlig überarb. Aufl.). Hildesheim: Arete.

Dolle-Weinkauff, B. (1990). *Comics. Geschichte einer populären Literaturform in Deutschland seit 1945.* Weinheim und Basel: Beltz.

Ebert, J. (1980). *Olympia. Von den Anfängen bis zu Coubertin*. Leipzig: Koehler & Amelang.

Eckart, W. U. (1998). *Geschichte der Medizin* (3., überarb. Aufl.). Berlin, Heidelberg, New York: Springer.

Elias, N. (2003). Die Genese des Sports als soziologisches Problem. In N. Elias & E. Dunning, *Sport und Spannung im Prozeß der Zivilisation* (S. 230–272). Baden-Baden: Suhrkamp.

Finley, M. I. & Pleket, H. W. (1976*). Die Olympischen Spiele der Antike*. Tübingen: Wunderlich.

Fündling, J. (2016). *Asterix. 100 Seiten*. Stuttgart: Reclam.

Gauer, W. (2012). Brunnenfunde, Festgesandtschaften und Festgesellschaften. In W.-D. Heilmeyer u. a. (Hrsg.), *Mythos Olympia. Kult und Spiele* (S. 99–103). München, London, New York: Prestel. (S. 98–103)

Geese, R. (2005). Warum sprangen die alten Griechen mit Halteren? *SportZeiten 5* (3), 57–66.

Greiffenhagen, M. & Greiffenhagen, S. (2000). Wertewandel. In G. Breit & S. Schiele (Hrsg.), *Werte in der politischen Bildung* (S. 16–29). Schwalbach/Ts.: Wochenschau.

Grünewald, T. (2001). Piraten in der Welt des Asterix. In K. Brodersen (Hrsg.), *Asterix und seine Zeit. Die große Welt des kleinen Galliers* (S. 90–104). München: Beck.

Gundermann, C. (2007). *Jenseits von Asterix. Comics im Geschichtsunterricht*. Schwalbach/ Ts.: Wochenschau.

Gundermann, C. (2009). 50 Jahre Widerstand: Das Phänomen Asterix. *Zeithistorische Forschungen/Studies in Contemporary History 6*, 115–128.

Guttmann, A. (1979). *Vom Ritual zum Rekord. Das Wesen des modernen Sports*. Schorndorf: Hofmann.

Herrmann, H. V. (1972). *Olympia. Heiligtum und Wettkampfstätte*. München: Hirmer.

Huttner, U. (2008). *Römische Antike*. Tübingen: A. Francke.

Jüthner, J. (1965). *Die athletischen Leibesübungen der Griechen. I. Geschichte der Leibesübungen*. Wien: Hermann Böhlaus Nachf.

Jüthner, J. (1968*). Die athletischen Leibesübungen der Griechen. II. Einzelne Sportarten*. Wien: Hermann Böhlaus Nachf.

Jütte, R. (2008). Zur Geschichte des Dopings. *Geschichte in Wissenschaft und Unterricht 59* (5/6), 308–322

Klafki, W. (2007). *Neue Studien zur Bildungstheorie und Didaktik: Zeitgemäße Allgemeinbildung und kritisch-konstruktive Didaktik*. Weinheim: Beltz.

Krüger, M.; Becker, C.; Nielsen, S. & Reinold, M. (2014). *Doping und Anti-Doping in der Bundesrepublik Deutschland 1950 bis 2007. Genese – Strukturen – Politik*. Hildesheim: Arete.

Linsel, K. (1998). *Charles de Gaulle und Deutschland*. Sigmaringen: Thorbecke.

Loth, W. (1987). *Geschichte Frankreichs im 20. Jahrhundert*. Stuttgart, Berlin, Köln, Mainz: Kohlhammer.

Luh, A. (2003). Das „Goldene Zeitalter der Alten"? Alter in historischer Perspektive. *Zeitschrift für Gerontologie und Geriatrie 36* (4), 303–316.

Marrou, H. I. (1977). *Geschichte der Erziehung im klassischen Altertum*. München: DTV.

McLoud, S. (2001). *Comics richtig lesen*. Hamburg: Carlsen.

Pandel, H.-J. (1993). Wahrheit und Fiktion. Der Holocaust im Comic und Jugendbuch. In B. Jaspert (Hrsg.), *Wahrheit und Geschichte. Vom Umgang mit deutscher Vergangenheit* (Hofgeismarer Protokolle Nr. 298) (S. 72–108). Hofgeismar: Evangelische Akademie.

Poliakoff, M. B. (1989). *Kampfsport in der Antike. Das Spiel um Leben und Tod*. Zürich, München: Artemis.

Preisendanz, K. (1972). Fluchtafel (Defixion). In T. Klauser (Hrsg.), *Reallexikon für Antike und Christentum. Band VIII: Fluchtafel (Defixion) – Gebet I* (S. 1–29). Stuttgart: Hiersemann.

Prohl; R. (2009). Bildungstheoretische Grundlagen der Sportpädagogik. In H. Haag & A. Hummel (Hrsg.), *Handbuch Sportpädagogik mit Studienhandreichungen* (2., erweiterte Aufl.) (Spalte 35–46). Schorndorf: Hofmann.

Reinsberg, C. (2012). Nicht für Frauen, aber für Mädchen. In W.-D. Heilmeyer u. a. (Hrsg.), *Mythos Olympia. Kult und Spiele* (S. 256–259). München, London, New York: Prestel.

Repschläger, M. (1983). *Sport und Medizin in der griechisch-römischen Antike*. Hamburg: Diplomica.

Schikowski, K. (2014). *Der Comic. Geschichte, Stile, Künstler*. Stuttgart: Reclam.

Requate, J. (2011). *Frankreich seit 1945.Göttingen*. Vandenhoeck & Ruprecht.

Scholz, P. (2011). *Den Vätern folgen. Sozialisation und Erziehung der republikanischen Senatsaristokratie*. Berlin: Verlag Antike.

Sinn, U. (2001). Asterix und Olympia. In K. Brodersen (Hrsg.), *Asterix und seine Zeit. Die große Welt des kleinen Galliers* (S. 159–176). München: Beck.

Sinn, U. (2004). *Das antike Olympia. Götter, Spiel und Kunst*. München: Beck.

Sommer, M. (2009). *Römische Geschichte. Zweiter Band: Rom und sein Imperium in der Kaiserzeit*. Stuttgart: Kröner.

Sontheimer, W. (1967). Zeitrechung II. Bei den Griechen und Römern. In K. Ziegler (Hrsg.), *Paulys Realencycopädie der classischen Altertumswissenschaft. Zweite Reihe, 18. Halbband. Vulcanius bis Zenius* (Sp. 2455–2472). Stuttgart: Druckemüller.

Stiftung Charles de Gaulles (2017, 1.1.2017). *18. Juni 1940 – Rede von General de Gaulle über Radio London*. Redetext übersetzt und zit. unter http://www.charles-de-gaulle.de/18-juni-1940-rede-von-general-de-gaulle-uber-radio-london.html

Stoll, A. (1975). *Asterix. Das Trivialepos Frankreichs. Bild- und Sprachartistik eines Bestseller-Comics* (2., verbesserte Aufl.). Köln: DuMont Schauberg.

Swaddling, J. (2004). *Die Olympischen Spiele der Antike*. Stuttgart: Reclam.

Temporini, H. (1971). Frau. In Deutscher Taschenbuch Verlag (Hrsg.), *DTV-Lexikon der Antike. Kulturgeschichte. Band 1 A-K* (S. 170–172). München: DTV.

Tremel, J. (2004). *Magica agonistica. Fluchtafeln im antiken Sport* (Nikephoros Beihefte 10). Hildesheim: Weidmann.

Uderzo, A. & Goscinny, R. (1971). *Asterix der Gallier*. Übersetzung aus dem Französischen: Gudrun Penndorf, M.A. Stuttgart: Ehapa.

Uderzo, A. & Goscinny, R. (1972). *Asterix bei den Olympischen Spielen*. Übersetzung aus dem Französischen: Gudrun Penndorf, M.A. Stuttgart: Ehapa.

Van Royen, R. & Van der Vegt, S. (1997). *Die ganze Wahrheit*. München: Beck.

Van Royen, R. & Van der Vegt, S. (2000). *Asterix auf grosser Fahrt*. München: Beck.

Westfälisches Römermuseum Haltern (Hrsg.). (1999). *„Die spinnen, die…" Mit Asterix durch die Welt der Römer*. Stuttgart: Ehapa.

Will, W. (2001). Die Gallier und ihre Nachbarn – oder: Die Schweiz ist flach. In K. Brodersen (Hrsg.), *Asterix und seine Zeit. Die große Welt des kleinen Galliers* (S. 19–32). München: Beck.

Von Ringern, Fünfkämpfern und Wagenlenkern
Eine kurzweilige Geschichte des Sports in der griechischen Antike

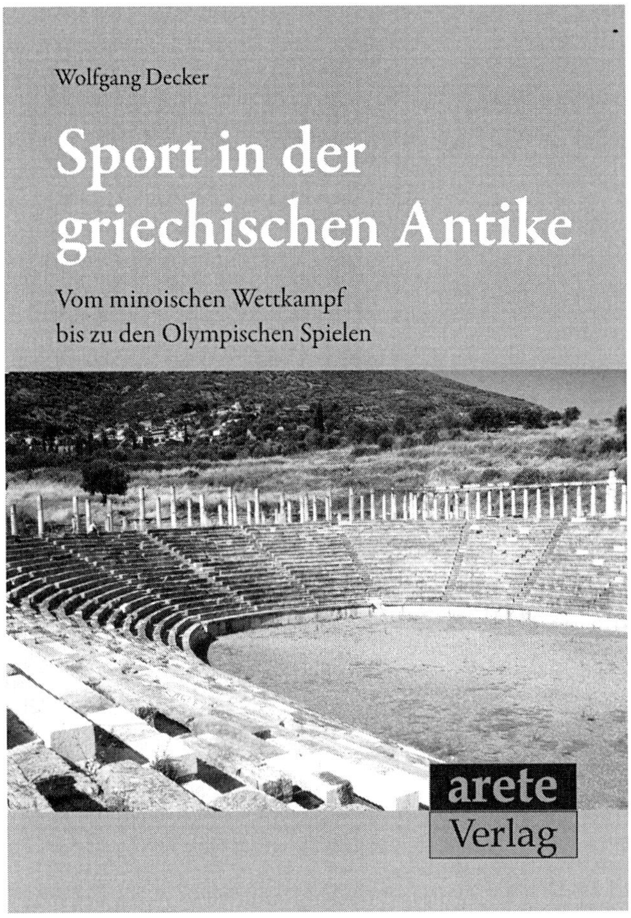

246 Seiten, kartoniert
ISBN 978-3-942468-06-0
24,95 € inkl. MwSt.

Wer denkt beim sportlichen Wettstreit im alten Griechenland nicht zuerst an die Olympischen Spiele?
Dieses reich illustrierte Buch behandelt aber viel mehr Aspekte:
Lebendig erzählt der Autor von den Wurzeln des antiken griechischen Sports auf Kreta und in Mykene. Er berichtet quellennah über die panhellenischen und lokalen Agone, beschreibt detailliert die sportlichen Disziplinen und stellt die wichtigsten Sportstätten in Text und Bild vor. Anekdoten zu Leben und Leiden der Wettkämpfer und ihrem Umfeld veranschaulichen die antike Sportwelt.

In die völlig überarbeitete und aktualisierte Neuauflage sind die neuesten Erkenntnisse aus der wissenschaftlichen Literatur eingeflossen.

„Ein Standardwerk und nach wie vor die beste deutschsprachige Einführung in den antiken Sport." (aus: Studienbuch Antike)

„Korruption im Sport ist keine Erfindung der modernen Verbände. Wenn es um Ruhm und Geld geht, dann war die Verlockung schon immer groß. In der Antike haben die Athleten deshalb das olympische Stadion durch einen tunnelartigen Durchgang betreten, vorbei an einer langen Reihe von Bronzestatuen. Diese Figuren waren Mahnung und Warnung - denn bezahlt hatten die teuren Zeus-Standbilder jene Sportler, die bei Bestechungsversuchen ertappt worden waren. Unter anderem von solchen Skandalen erzählt das Buch: ‚Sport in der griechischen Antike'. Dabei zieht es immer wieder Vergleiche zur Gegenwart. Nicht nur beim Thema Bestechung, sondern auch beim Kommerz (wenn die Wettkämpfe die Vasen-Produktion ankurbelten) oder dem Doping (wenn Orakelsprüche die Athleten regelrecht beflügelten)." (Deutschlandradio)

Arete Verlag • Osterstr. 31-32 • 31134 Hildesheim
www.arete-verlag.de